교회는 · 부족으로 · 모인다

김현명

교회는 부족으로 모인다

지은이	김현명
초판발행	2025년 11월 20일
펴낸이	배용하
책임편집	배용하
등록	제364-2008-000013호
펴낸 곳	도서출판 대장간
	www.daejanggan.org
등록한곳	충청남도 논산시 가야곡면 매죽헌로1176번길 8-54
편집부	전화 (041) 742-1424
영업부	전화 (041) 742-1424 · 전송 0303 0959-1424
ISBN	978-89-7071-779-1 03230
분류	목회	교회	공동체

이 책은 저작권법에 의해 보호를 받는 출판물입니다.
기록된 형태의 허락 없이는 무단 전재와 복제를 금합니다.

 값 12,000원

목차

들어가는 글   11

1부 · 교회는 있는데, 함께가 없습니다
1장 · 소비주의 시대, 교회는 어떻게 변했는가   16

2장 · 함께 있지만, 함께 있지 않은 교회   30

3장 · 잊혀진 이름, 사라진 얼굴들   38

2부 · 우리가 잃어버린 공동체
1장 · 구약과 신약의 '공동체' 신앙   48

2장 · 부족처럼 모이는 시대, 교회는 무엇이 다른가?   54

3부 · 교회, 중심을 잃다
1장 · 중심을 잃은 교회   66

2장 · 기능은 남고 관계는 사라지다   77

3장 · 다시 '중심'을 묻다   91

4부 · 중심은 어떻게 회복되는가

1장 · 영성, 공동체를 살리는 힘 … 102

2장 · 회복은 중심에서 시작된다 … 112

3장 · 함께 숨 쉬는 공동체 … 134

5부 · 교회는 부족처럼 모여야 합니다

1장 · 이 시대, 다시 부족을 말하다 … 154

2장 · 교회, 세상의 부족을 품다 … 165

3장 · 다시 모이는 교회 … 176

부록

함께 살아내는 훈련 : 신부족주의적 공동체를 위한 6주 여정 … 188

참고문헌 … 209

미주 … 217

말씀과 침묵,
고독과 환대,
그리고
삶으로 드러나는 나눔과 섬김.
교회가 본래 품고 있었던 이 영성이,
지금도 사람들을
다시 모이게 할 수 있다고
믿습니다.

들어가는 글

한 사람씩 교회를 떠납니다.

어느 날은 조용히, 어느 날은 상처를 안고, 또 어떤 날은 자신도 이유를 모른 채.

그들은 말합니다.

"예배는 드리고 있지만, 함께 있는 느낌이 들지 않아요."

"교회에 있어도… 여전히 외로워요."

사람들은 여전히 하나님을 찾고, 신앙을 품고 싶어 합니다.

그러나 그 신앙을 '함께 살아갈 공동체'로 누리는 일은 점점 더 희미해지고 있습니다.

교회는 여전히 존재하지만, 함께 모인다는 감각은 서서히 사라져가고 있습니다.

이 책은 제가 풀러 신학교에서 목회학 박사 과정을 밟으며, '오늘날 교회 공동체의 회복'을 주제로 연구하고 고민했던 여정의 열매입니다.

그 시작은 아주 단순한 질문이었습니다.

"우리는 왜 함께하지 못하고 있는가?"

많은 교회가 여전히 다양한 예배와 사역, 훈련 프로그램을 운영하고 있습니다.

그러나 그 안에서 사람들은 더 깊은 고립과 단절을 호소하고 있습니다.

문제는 프로그램이 있다는 것이 아니라, 그 프로그램의 중심에 무엇이 있느냐는 겁니다.

저는 그 중심이 바로 예수 그리스도를 향한 살아있는 '영성'이어야 한다고 믿습니다.

교회는 본래 사람들의 마음을 붙들고, 함께 살아가도록 이끄는 영적 중심이었습니다.

그러나 오늘날의 교회는 점점 그 중심을 잃어가고 있습니다.

그 이유를 따라가다 보니, 현대 사회 전반을 지배하는 소비주의의 흐름과 마주하게 되었습니다.

신앙조차도 '나에게 유익한가'로 평가되는 시대. 교회는 브랜드가 되고, 성도는 소비자가 되어버렸습니다.

그 안에서 공동체는 더 이상 '필수'가 아닌 '선택'이 되었고, 함께 믿고 함께 살아가는 신앙은 차츰 더 설 자리를 잃고 있습니다.

이런 흐름 속에서, 저는 현대 사회에 나타나는 새로운 공동체 현상에 주목하게 되었습니다.

사람들이 공통의 정체성과 감정을 중심으로 모이는 '작은 부족' 같은 모임들.

학문적으로는 '신부족주의'라 불리는 이 흐름은, 교회를 향한 하나의 통찰을 열어주었습니다.

사람들은 여전히 함께 모이고 싶어 합니다. 다만, 진심을 나눌 수 있는 곳, 중심이 살아 있는 곳을 찾지 못했을 뿐입니다.

저는 그 중심이 바로 교회의 초월성, 즉 영성이라고 봅니다.

말씀과 침묵, 고독과 환대, 그리고 삶으로 드러나는 나눔과 섬김.

교회가 본래 품고 있었던 이 영성이, 지금도 사람들을 다시 모이게 할 수 있다고 믿습니다.

이 책은 제가 집필한 목회학 박사 논문 *A Study on Restoring Community in the Era of Consumerism: With a Neo-Tribalism Approach for Korean Churches*소비주의 시대의 공동체성 회복을 위한 신부족주의적 교회 공동체을 바탕으로 쓰였습니다.

이 책은 교회가 어떻게 다시 공동체가 될 수 있을지, 그리고 그 중심에서 어떤 영성을 회복해야 하는지를 묻는 여정입니다. 지금 이 시대 교회가 잃어버린 것이 단순한 외형이나 프로그램이 아니라, 사람들의 마음을 모으는 중심, 곧 '영성'이라면, 우리는 거기서부터 다시 시작해야 하지 않을까요?

1부

교회는 있는데,
함께가 없습니다

1장
소비주의 시대, 교회는 어떻게 변했는가

1. 소비되는 신앙, 선택이 된 교회

한때 교회는 단순한 예배 장소가 아닌, 신앙의 가족이자 삶의 중심이었습니다. 믿음은 선택이 아니라 일상의 리듬이었고, 교회는 기쁨과 슬픔을 함께 나누며, 내가 누구인지 기억하게 해주는 소속의 자리였습니다. 교회는 단순한 종교 기관이 아니라, 사람들의 삶 전체를 품는 영적 공동체였습니다.

그러나 지금 우리는 신앙조차도 소비의 대상으로 전락한 시대에 살고 있습니다. 사람들은 더 감동적인 설교, 세련된 공간, 편리한 시스템을 찾아 교회를 옮기고, 만족스러운 예배 경험이 곧 신앙의 깊이를 대신합니다. 헌신보다 선택, 진리보다 만족, 소속보다 취향이 앞서는 신앙. 그것이 오늘날의 풍경입니다.

프랑스의 사회학자 장 보드리야르Jean Baudrillard는 현대 사회의 소비를 '기호의 소비'라 불렀습니다.[1] 사람들은 물건의 기능보다 그것이 상징하는 이미지와 정체성을 소비한다는 겁니다.

오늘날의 교회도 이 흐름에서 벗어나지 못하고 있습니다. 브랜드와 감동, 정체성이라는 외형적 요소가 교회의 본질을 대신하게 되면서, 교회는 점점 더 기호적 소비의 대상이 되어가고 있습니다.

교신앙은 '선택의 대상'이 되었고, 공동체는 '유익에 따라 유지되는 구조'로 오해되기 시작했습니다. 교회의 본질이나 진리보다, 어떤 메시지를 상징하는가, 얼마나 감동적이고 세련된 분위기를 제공하는가가 더 중요한 선택의 기준이 됩니다. 성도들은 교회를 '참여할 장소'가 아니라, '경험할 공간'으로 바라보게 되고, 신앙은 '함께 살아가는 믿음'이 아니라, '소비되는 감동'이 되어버립니다.

마음에 맞지 않으면 언제든 옮겨갈 수 있는 교회, 감동이 줄어들면 머물 필요가 없는 공동체. 우리는 그 변화의 한가운데 서 있습니다.

이 변화는 단순한 문화적 취향의 문제가 아닙니다. 이것은 신앙을 이해하고 살아가는 방식 자체가 바뀐 것입니다. 오늘날 사회 전반은 소비를 중심으로 재편되고 있습니다. 자아는 소비로 표현되고, 관계는 효용으로 평가되며, 삶의 의미조차 시장 논리로 해석됩니다. 사회학자 지그문트 바우만은 이를 "액체 근대 Liquid Modernity"라 부릅니다.[2] 그는 현대 사회에서 인간관계는 깊이보다는 유연성을, 헌신보다는 교환 가능성을 추구하게 되었다고 말합니다. '사랑한다'는 말조차 일종의 계약처럼 취급되며, 끊임없는 새로움과 자극을 찾는 문화 속에서 우리는 '소비 가능한 관계'를 맺고 또 끊습니다.

이 소비주의적 흐름은 신앙의 영역으로도 깊이 스며들었습니다. 예배는 감동의 상품이 되고, 설교는 만족을 주는 콘텐츠로 바뀌며, 공동체는 옵션이 되어버립니다. 이제 사람들은 예배, 설교, 분위기, 사역의 다양성 등을 기준으로 교회를 선택합니다. 이른바 종교적 소비자religious consumer가 등장한 것입니다. 교회는 브랜드가 되었고, 성도는 그 브랜드를 경험하고 평가하는 소비자가 되었습니다.

이런 흐름 속에서 신앙의 기초는 헌신이 아니라 선택으로, 말씀의 권위는 만족도로 대체되기 시작했습니다. 교회에 출석은 하지만, 언제든 떠날 수 있다는 조건 아래서만 관계를 맺고, 불편함은 곧장 '교체 사유'가 됩니다. 한 설교자가 지적한 것처럼, "현대인은 교회에 참여하기보다는 교회를 '경험'한다"고 말할 수 있습니다. 참여가 아닌 관람, 헌신이 아닌 평가가 오늘날의 교회 풍경 속에서 점점 익숙해지고 있습니다.

이런 소비자적 시선은 교회를 브랜드로 만들었습니다. 로고, 철학, 예배 스타일과 같은 모든 것이 브랜드를 형성하는 요소가 되었습니다. 교회는 점점 더 경쟁력 있는 서비스 제공자의 이미지를 갖게 되었고, 공동체는 점점 더 소비 가능한 구조로 변했습니다. 정서적 소속보다는 시스템이, 관계보다는 콘텐츠가, 삶의 나눔보다는 사용자 경험이 강조되는 공간으로 바뀌었습니다. 신앙의 뿌리는 점점 얕아졌고, 예배는 콘텐츠가 되었으며, 목회는 관리가 되었고, 공동체는 프로그램으로 대체되었습니다.

사회학자 에밀 뒤르켐Émile Durkheim은 종교의 본질을 사회적 유대감 속에서 설명했습니다. 그는 종교가 공동체를 형성하고 유지하는 가장 강력한 문화적 힘이며, 집단의 일체감 속에서 '성스러움'을 경험하게 만든다고 했습니다.3

그러나 현대 소비주의는 이 유대를 해체하고, 개별화를 부추깁니다. 교회는 더 이상 '우리'의 공간이 아니라, '나'의 공간이 되어 갑니다. 나는 이 교회를 통해 만족을 얻을 수 있는가? 나에게 맞는 설교 스타일과 찬양, 나에게 유익한 공동체인가? 이런 질문은 결국 신앙을 '나의 유익'이라는 프레임으로만 해석하게 만듭니다.

기독교 신앙은 원래부터 공동체적 정체성에 뿌리를 두고 있습니다. '에클레시아'라는 말 자체가 함께 부름 받은 자들의 공동체를 의미하며, 초대 교회는 실제로 함께 모여 말씀을 듣고, 빵을 떼며, 고백을 나누는 생활 공동체였습니다. 그러나 소비주의 시대의 교회는 에클레시아의 이 본질을 점점 잃어가고 있습니다. 에클레시아는 관계의 신앙이었으나, 오늘날은 관리의 신앙으로 바뀌고 있습니다.

더욱이 이런 흐름 속에서 교회는 '고객 만족'이라는 패러다임에 맞춰 자신의 정체성을 재조정합니다. 목회는 목양보다 운영이 되고, 사역자는 영적 지도자이기보다 콘텐츠 제공자가 되며, 성도는 제자가 아니라 이용자가 됩니다. 사회학자 데이비드 리스먼이 말한 '타인 지향적 인간'처럼, 사람들은 공동체의 일원이 되기보다는, 타인의 평가와 유행을 기준으로 자신의 신앙을 조정하는 존재가 되어갑니다.

이 모든 흐름은 결국, 교회를 존재로서의 공동체가 아닌, 기능으로서의 조직으로 전락시키고 있습니다. 그 결과, 사람들은 교회에 있지만 '함께 있음'을 느끼지 못하고, 신앙을 가지되 그 신앙을 나눌 관계는 점점 줄어들고 있습니다.

이런 상황 속에서, 우리는 되묻지 않을 수 없습니다.

"신앙은 선택입니까, 헌신입니까?"

지금 우리의 신앙을 구성하는 모든 기준이 소비주의의 언어로 짜여져 있다면, 우리는 본질을 되묻고, 회복해야 합니다. 진리와 헌신이라는 단어가 낡은 것이 아닌, 다시금 회복되어야 할 말씀이 되도록. 교회가 다시 사람의 마음을 모으는 자리가 되도록. 신앙이 다시 소비가 아닌 순종의 길이 되도록. 지금 우리는 그 자리에서 다시 시작해야 합니다.

2. 브랜드가 된 교회, 제도가 된 믿음

브랜드 교회란 단지 스타일이 세련된 교회를 뜻하는 것은 아닙니다. 오늘날 많은 교회들이 보다 명확한 방향성과 운영 체계를 갖추기 위해 노력하고 있습니다. 그러나 구조화와 체계 중심의 흐름 속에서, 때로는 사람과 관계보다 결과와 효율이 앞서게 되는 현실도 나타납니다. 본래 교회가 품고 있던 관계의 밀도나 공동체적 온기는, 이러한 흐름 속에서 희미해질 수 있습니다.

구조화와 특색화는 교회의 방향성과 운영을 정돈하는 데 기여하지만, 때로는 예배와 설교가 감동과 반응 중심으로 구성되는 경향도 나타납니다. 정서적 몰입이 강조되다 보면, 신앙의 내용보다 경험의 강도가 평가 기준이 되는 현상이 생기기도 합니다.

그 결과, 성도들은 감동이 줄어들면 신앙적 거리감을 느끼고, 공동체에 머무는 이유를 감정적으로 판단하게 됩니다.

이처럼 경험 중심의 신앙 흐름이 강조될 때, 때로는 '샤머니즘적 신앙'이라 불리는 태도가 나타나기도 합니다. 이는 하나님의 뜻을 분별하고 순종하기보다는, 하나님의 능력을 끌어내는 방식에 몰두하는 신앙 태도를 말합니다. 이때 하나님은 초월적 인격으로 대면되기보다, 나의 소원을 이루기 위한 수단처럼 취급될 위험이 있으며, 기도는 응답을 이끌어내는 요구로, 예배는 때로 '은혜를 받았는가'라는 말로 평가되곤 합니다.

그러나 이 질문은, 신앙의 깊이를 주관적인 감정으로만 판단하게 만드는 경향을 내포하고 있습니다. 그렇게 되면 신앙은 점차 체험의 강도와 감정의 반응에 의해 해석되는 구조로 흘러가게 됩니다. 이러한 흐름은 결국, '익숙함'과 '진짜' 사이의 구분을 흐리게 만들기도 합니다.

초등학교 시절, 동네 서점에서 『달콤 쌉사름한 초콜릿』이라는 제목의 소설을 본 적이 있습니다. 내용은 전혀 기억나지 않지만, 그 제목이 참 이상하게 느껴졌습니다. '초콜릿은 단 것 아닌가? 왜 쌉싸름하다고 하지?'

당시 제가 먹어본 초콜릿은 늘 달기만 했습니다. 그때 우리 주변에서 쉽게 접할 수 있었던 건, 대부분 달고 부드러운 초콜릿뿐이었습니다. 카카오 특유의 맛이 느껴지는 초콜릿은 거의 없었고, 그런 맛이 있다는 사실조차 몰랐습니다. 그런데 나중이 되어 카카오 함량이 높은 초콜릿을 처음 맛보았을 때, 그 쌉싸름한 맛은 솔직히 낯설고 어색했습니다. 그게 왜 맛있다는 건지 잘 이해되지 않았습니다. 지금껏 알고 있던 초콜릿은 익숙했던 것이지, 진짜는 아니었던 겁니다.

신앙도 그렇습니다. 감동적인 말씀, 위로가 되는 경험에만 익숙해지면, 진리의 말씀이나 공동체적 책임은 때로 불편하고 낯설게 느껴질 수 있습니다. 하지만 그 낯설음을 피해선 안 됩니다. 익숙한 것이 언제나 진짜는 아닙니다. 오히려 가짜에 익숙해지면, 진짜는 처음에 낯설게 다가오기 마련입니다. 그러나 그 낯설음 속에서, 우리는 진짜를 알아가는 법을 배워야 합니다.

이런 분위기 속에서 제자훈련 역시, 처음 가졌던 목적과 조금씩 거리를 둘 위험에 놓이게 됩니다. 제자훈련은 본래 삶의 변화를 위한 인격적 여정이어야 하지만, 구조화되고 제도화된 흐름 속에서 점차 '수료'와 '인증'을 중심으로 재편되는 경우도 있습니다.

'훈련을 마쳤는가?', '몇 단계를 이수했는가?'와 같은 질문이 공동체 안에서 신앙의 기준처럼 작용하며, 때로는 참여와 리더십의 기회를 가르는 구분점처럼 인식되기도 합니다. 이런 문화는 자칫, 복음의 평등성과 은혜의 본질이 희미해지는 결과를 낳을 수 있으며, 훈련받은 자와 아직 그 과정에 이르지 못한 이들 사이에 보이지 않는 심리적 거리를 만들게 됩니다.

더 나아가 이 모든 흐름은, 결국 신앙을 하나님과 동행하는 여정에서 성과 중심의 구조로 변질시킬 수 있습니다. 예배와 기도, 훈련과 봉사는 은혜의 자연스러운 응답이라기보다, 종교적 의무나 과업처럼 여겨지게 되고, 성도는 점점 더 자유함보다는 부담 속에서 신앙을 수행하게 되는 현실과 마주하게 됩니다.

이러한 흐름의 이면에는 현대 사회를 지배하는 소비주의 문화와, 그것을 낳은 포스트모더니즘의 상대주의적 가치관이 자리하고 있습니다. 이 가치관은 하나의 진리를 절대시하지 않고, 각자의 주관이 곧 기준이 되는 문화를 형성합니다. '더 새롭고 감각적인 것'을 추구하는 흐름 속에서 브랜드 중심의 감각 소비는 신앙과 교회에도 스며들게 되었습니다.

브랜드는 단지 상품이 아니라 소비자의 정체성과 만족을 표현하는 상징으로 기능합니다. 교회가 브랜드화되는 과정에서는, 사람들이 '어떤 교회에 속했는가'를 통해 자신의 신앙을 규정하려는 경향도 나타납니다. 그 결과, 교회는 점점 외적 감동, 감성적 이미지, 편의성과 스타일에 따라 선택되고, 공동체는 언제든 더 나은 옵션이 생기면 떠날 수 있는 곳으로 이해되기 쉽습니다.

한국 교회 안에서도 이러한 흐름은 여러 교회 유형에서 다양하게 나타납니다.

오순절 계열 교회는 기도와 능력 중심의 신앙 흐름 속에서, 때로는 기복적 요소와 결합되어 폭발적인 성장을 이루었고,4 일부 제자훈련 중심 교회들은 체계적인 훈련 구조를 브랜드화하며 한국 교회의 시스템 문화에 큰 영향을 미쳤습니다. 이러한 흐름 속에서 신학이나 전통보다 '브랜드'가 교회의 정체성을 규정하는 시대적 경향이 만들어졌습니다.

문제는 이러한 브랜드 중심 흐름이 공동체성을 약화시킨다는 점입니다. 브랜드를 따라 교회를 옮기는 일은, 취향에 따른 선택이 신앙의 본질보다 앞설 수 있는 구조를 만듭니다. 이 흐름은 신앙을 개인화시키고, 공동체 안에서의 헌신과 돌봄, 책임과 연결을 희미하게 만듭니다. 결국 교회는 외적으로는 성장하지만, 함께 살아가는 공동체로서의 깊이는 사라질 수 있습니다.

그러나 교회는 본래 능력의 공동체가 아니라 은혜의 공동체였습니다. 성장도, 훈련도, 사역도 결국은 하나님의 부르심에 대한 응답이어야 했습니다. 하나님은 자격 있는 자를 쓰시는 분이 아니라, 부르신 자를 자격 있게 하시는 분이십니다.

우리는 다시 한번 물어야 합니다

"지금의 신앙 훈련은 누구를 위한 것인가?"
"지금의 교회 시스템은 무엇을 지향하고 있는가?"
"그리고, 이 모든 중심에 하나님의 임재는 살아 있는가?"

진정한 제자도는 제도를 넘어서는 삶입니다. 교회가 다시 '함께' 걷는 여정으로 돌아가야 하는 이유는, 그 여정 속에서 하나님의 임재와 돌보심이 공동체 안에 머물기 때문입니다.

교회의 시작은 언제나, 하나님의 부르심입니다. 우리가 회복해야 할 것은 더 정교한 시스템이 아니라, 그 부르심에 응답하는 믿음의 자리입니다.

교회는 자격 있는 이들의 모임이 아니라, 은혜를 입은 이들이 함께 살아가는 공동체입니다.

3. 잃어버린 감각과 회복의 질문

2019년, 전 세계를 뒤흔든 코로나19 팬데믹은 한국 교회에도 깊은 흔적을 남겼습니다. 모일 수 없었던 시간 동안, 교회는 빠르게 '비대면 예배'라는 새로운 대안을 마련했고, 디지털 기술의 발달은 온라인 예배를 하나의 새로운 형식으로 정착시켰습니다. 처음에는 낯설고 임시방편 같았지만, 이내 많은 교회와 성도들은 화면 속 예배에 익숙해졌고, 예배는 어느샌가 '대면'과 '비대면'으로 나뉘는 일이 자연스러워졌습니다.

사실 한국 교회는 이미 1990년대 후반부터 설교 중심의 온라인 콘텐츠를 시도해 왔습니다.5 일부 대형교회는 방송 설비를 갖추고 설교를 인터넷과 방송 채널을 통해 송출했으며, 이는 오프라인에 출석하지 않아도 다양한 교회의 예배와 설교를 소비할 수 있는 환경을 만들었습니다. 하지만 그때까지는 방송을 위한 전문기술과 예산이 필요한 구조였기에, 대부분의 교회는 이를 감당하기 어려웠습니다.

그런데 2020년, COVID-19로 인해 모든 것이 달라졌습니다. 집합 예배가 제한되자, 온라인 기술을 활용하지 않던 교회들까지 유튜브, 줌 등의 플랫폼에 주목하게 되었습니다.6 누구나 계정만 만들면 라이브 스트리밍을 할 수 있는 시스템 덕분에, 기술자 없이도 예배를 송출할 수 있었고, 이는 곧바로 교회의 새로운 표준이 되었습니다. 이렇게 '온라인 예배'는 예배의 한 방식으로 받아들여졌고, 이를 넘어선 '온라인 교회'라는 개념도 구체화되기 시작했습니다.

사실 온라인 교회의 시작은 팬데믹 이전으로 거슬러 올라갑니다. 분당의 한 교회는 이미 2009년부터 전체 예배를 실시간 스트리밍으로 제공해왔고, 2018년에는 '미디어 교회'라는 이름으로 정식 온라인 교회를 개설했습니다. 이후 다른 교회들도 온라인 교회를 설립하였고, 일부는 독립적인 재정과 운영을 갖춘 형태로 발전시켰습니다. 이 교회들은 대부분 대형교회 산하의 지교회 형식이지만, 최근에는 플랫폼 기반의 독립 온라인 교회도 등장하고 있습니다.

온라인 교회를 긍정적으로 평가하는 이들도 많습니다. 물리적 공간에 제약받지 않고, 일상 속에서 손쉽게 접속할 수 있으며, 비신자들에게도 열려 있다는 점에서 새로운 '전도'의 가능성을 제시한다고 여깁니다. 그러나 이 모든 장점들에도 불구하고, 우리는 신앙 공동체의 본질이 점점 옅어지고 있는 현실을 외면할 수 없습니다.

온라인 예배와 온라인 교회는 분명히 다릅니다. 전자는 기존 교회의 예배 방식의 하나일 수 있지만, 후자는 '공동체의 구조' 자체가 완전히 다르기 때문입니다. 온라인 교회에서는 원하는 시간에 참여하고, 원할 때 떠날 수 있으며, 관계 맺음이나 책임, 희생 없이도 소속감을 느낄 수 있다고 착각할 수 있습니다. 그러나 연결되었다고 해서 곧바로 공동체가 되는 것은 아닙니다. 연결성과 공동체성은 전혀 다른 감각입니다. 공동체는 이름을 기억하고, 얼굴을 부르며, 함께 고통을 나누고 기쁨을 맞이하는 감각 안에서만 형성됩니다.

더욱이 온라인 교회는 소비주의적 신앙을 더욱 부추길 수 있습니다. 더 나은 영상, 더 감성적인 콘텐츠를 찾아 떠나는 경향은, 공동체적 뿌리를 내릴 틈 없이 성도들을 유목민처럼 떠돌게 만들 수 있습니다. 심지어는 '책임 없이 숨을 수 있는 교회'를 찾는 마음이 강화되기도 합니다. 그 결과, 에베소서에서 말하는 "함께 지어져 가는 성전"엡 2:21-22의 비전은 점점 멀어지게 됩니다. 교회는 함께 모여 지어지는 것입니다. 혼자 접속한다고 해서, 그것이 곧 교회가 되지는 않습니다.

우리가 지금 마주한 현실은 그리 단순하지 않습니다. 사람들은 하나님을 버린 것이 아니라, 함께 신앙을 살아낼 공간을 잃은 것입니다. 얼굴을 마주하며, 이름을 불러주고, 눈빛으로 위로받던 감각이 사라졌습니다. 기술은 연결되었지만, 마음은 점점 고립되어 가고 있습니다.

이제는 단순히 '온라인이 옳으냐, 그르냐'의 문제가 아닙니다. 교회가 무엇을 놓치고 있는지, 그리고 어디서부터 다시 걸어야 할지를 함께 묻는 시간입니다. 우리는 연결을 넘어서 '함께 살아내는 감각'을 회복해야 합니다. 브랜드보다 본질로, 효율보다 신실함으로, 소비보다 순종으로 돌아가야 할 때입니다. 그리고 그 질문에서부터 다시 시작해야 합니다. 교회는 다시, '함께'라는 감각을 회복할 수 있을까요?

2장
함께 있지만, 함께 있지 않은 교회

1. 교회에 있어도 외로운 사람들

예배는 여전히 드려지고, 찬양은 울려 퍼지며, 기도는 멈추지 않습니다. 교회 안에서는 누군가가 반갑게 인사하고, 또 다른 누군가는 섬김의 자리를 묵묵히 지켜갑니다. 어떤 이들은 소그룹에 열심히 참여하고, 어떤 이들은 교회학교 교사로 주일을 시작합니다. 외형상으로는 충만한 사역과 교제가 이뤄지고 있는 듯 보입니다.

그러나 그런 자리에 있으면서도 마음속 깊은 곳에서는 문득, "나는 이 공동체 안에 정말 함께하고 있는 걸까?"라는 질문이 고개를 듭니다. 사람들 틈에 앉아 있으면서도, 마치 혼자인 것 같은 기분. 모두가 뜨겁게 기도하는 자리에서조차, 나만은 어디에도 속하지 못한 채 있는 듯한 이질감.

'공동체'라는 단어는 여전히 많이 들립니다. 그러나 그 말이 의미했던 따뜻함, 진심, 기대, 그리고 함께 살아낸 일상의 온도는 서서히 사라지고 있습니다. 기도 제목을 나누어도 조심스럽고, 혹시 내 이야기가 어디선가 새어나가지 않을까 불안합니다. 말하지 않아도 이해해주던 관계는 점점 줄어들고, 괜히 말해서 서로 어색해질까 봐 입을 닫게 됩니다.

모임은 계속됩니다. 그러나 삶은 각자의 자리에서 따로 흘러갑니다. 같은 말씀을 듣고 같은 찬양을 부르지만, 정작 마음은 닿지 않습니다. "우리 함께 가요"라는 말이 진심으로 다가오지 않고, 어느 순간 그 말이 약속처럼 들리기보다 형식처럼 느껴집니다.

함께 있는 것 같지만, 함께 살아가는 감각은 흐려지고 있습니다. 교회는 늘 사람이 많고, 프로그램은 계속되지만, 내 삶을 들여다봐주는 눈동자 하나를 찾기 어려운 시간도 있습니다.

그래서 많은 성도가 깊은 외로움을 느낍니다. 아무도 몰라주는 마음의 피로, 관계의 틈, 자꾸 멀어지는 느낌. 믿음이 없어서가 아니라, 너무 오래 자신을 감추고 살아야 했기에 지쳐버린 신앙의 자리가 거기 있습니다. 그럼에도, 사람들은 교회를 떠나지 않습니다. 이 공동체가 완벽하지 않아도, 어딘가에는 여전히 진심을 나누고 싶어 하는 누군가가 있을 것이라는 희망 때문입니다.

외로움 속에 머무르면서도, 누군가 진심으로 "괜찮아요, 함께 있어요"라고 말해줄 그날을 기다리는 이들이 있습니다. 그리고 그 기다림은, 다음 이야기를 시작할 수 있는 가장 깊은 믿음이기도 합니다.

2. '함께'라는 말이 불편해진 이유

교회는 함께하는 곳이라 말합니다. 신앙은 공동체 안에서 자란다고도 말합니다. 그리고 많은 이들이 실제로 그런 믿음을 갖고 살아갑니다. 그러나 정작 "우리 함께합시다"라는 말 앞에서 마음이 움찔하는 이들도 많아졌습니다.

'함께'라는 말은 본래 따뜻한 단어였습니다. 나를 받아주고, 기쁨과 슬픔을 나누며, 삶의 무게를 함께 짊어지는 자리. 그러나 어떤 이들에게는 이 말이 기대와 책임, 때로는 감추었던 상처를 다시 꺼내야 하는 말처럼 느껴지기도 합니다.

한때는 진심으로 신뢰했던 공동체였습니다. 함께 울고 웃던 시간이 있었습니다. 하지만 언제부턴가 그 관계가 조금씩 무너졌습니다. 내 진심이 가볍게 여겨진 적이 있었고, 마음을 열었던 이야기가 다른 곳에서 들려온 적도 있었습니다. 내 삶의 고백이 조언이나 충고로만 되돌아올 때, 다시 마음을 열기란 쉽지 않습니다.

공동체 안에서 받은 상처는 유독 깊게 남습니다. 왜냐하면 믿었기 때문입니다. 다른 곳이 아니기에, 더 깊이 실망하게 됩니다. 그래서 어떤 이들은 더 이상 자신을 드러내지 않기로 마음먹습니다. 나를 감추면, 덜 상처받을 수 있으니까요.

그렇게 우리는 점점 조심스러워졌습니다. 함께 있는 자리에서 웃으며 인사할 수는 있지만, 속마음은 내놓지 않습니다. 축복의 말은 나누지만, 실제로 누군가의 삶 속으로 들어가 함께 걸어가려는 마음은 꺼내기 어렵습니다. '사랑합니다'라는 말은 오히려 형식처럼 들리고, 누군가의 다정함은 혹시 또 다른 요구로 돌아올까 두렵습니다.

신앙은 여전히 중요합니다. 예배도 지키고, 말씀도 붙듭니다. 하지만 관계에 있어서만큼은 벽을 하나씩 세워두게 됩니다. 내 감정을 너무 쉽게 보여주고 싶지 않고, 또 그만큼 쉽게 무너지기도 싫기 때문입니다. 그렇게 '함께하자'는 말은 점점 불편한 말이 되어갑니다. 누군가에게는 부담이고, 누군가에게는 옛 상처를 되살리는 말입니다.

어떤 이들은 말합니다. "혼자가 편해요." "함께하면 더 지쳐요." "교회는 좋지만, 사람은 어렵습니다." 이런 말은 단순히 개인주의가 강해서가 아니라, 반복된 실망이 남긴 무언의 방어입니다.

사람들은 여전히 누군가와 연결되길 원합니다. 그러나 동시에, 그 연결이 또 다른 상처가 되지 않기를 바랍니다. 그래서 공동체를 향한 마음은 복잡해집니다. 다가가고 싶지만 망설여지고, 함께하고 싶지만 조심스러우며, 사랑하고 싶지만 지켜야 할 선이 많아집니다.

우리는 지금, 공동체를 원하면서도 경계하는 시대를 살고 있습니다. 함께하고 싶지만, 너무 많이 기대하진 않기로 마음먹는 신앙의 자리. 그 안에서 교회는 '같이 있음'의 의미를 다시 고민해야 할 시점에 서 있습니다.

사람들의 거리는 점점 멀어졌습니다. 마음을 내어줄 수 있는 공간은 줄어들고, 누군가의 삶에 기꺼이 들어가려는 용기도 사라져 갑니다.

그러나 그 속에서도 여전히 믿고 싶은 것이 있습니다. 진심을 나눌 수 있는 공동체, 다시 신뢰할 수 있는 관계. 교회가 정말 그런 자리가 될 수 있을까.

그리고 이 질문은, 단지 관계의 문제가 아니라, 교회가 어떤 구조와 시선으로 운영되고 있는가를 다시 묻게 만드는 물음으로 이어집니다.

3. 기능주의적 구조와 공동체의 소외

오늘날 많은 교회는 다양한 사역과 프로그램을 통해 공동체를 세워가고 있습니다. 예배, 양육, 소그룹, 봉사, 전도 이 모든 것은 하나님 나라를 이 땅에 세우기 위한 귀한 도구입니다. 각자의 은사에 따라 사역을 맡고, 팀을 구성하며 함께 일하는 교회의 모습은 분명 아름답습니다.

그러나 문제는, 이 모든 것들이 '사람'보다 '기능'을 앞세우기 시작할 때 일어납니다. 시스템이 잘 돌아가지만, 그 안에서 마음이 닿지 않고, 프로그램은 많지만 돌봄은 사라지는 현상이 반복됩니다. 사역은 열심히 하지만, 어느 순간 "내 마음은 누가 돌보지?"라는 질문을 품게 되는 자리. 것이 오늘날 교회 안에서 스며들듯이 퍼져 있는 현실입니다.

처음엔 헌신이었습니다. 하지만 그 헌신이 유지되기 위해선 결과가 필요했고, 그 결과는 점점 '성과'로 환산되었습니다. 공동체의 성장은 '몇 명이 왔는가', '얼마나 빠르게 진행되었는가', '얼마나 질서 있게 운영되었는가'로 측정되기 시작했고, 정작 사람의 마음과 관계는 뒷전으로 밀려났습니다.

교회가 점점 효율과 구조를 중심으로 움직이게 되면서, 성도는 더 이상 한 '존재'로서가 아니라, '역할을 수행하는 사람'으로 이해되기 시작했습니다. "저 분은 기도팀이에요." "이 자매는 예배 인도자예요." 누구도 틀린 말을 하는 건 아니지만, 그 말 안에 '한 사람의 삶과 마음'이 담기지 않을 때, 공동체는 소속이 아닌 분담의 자리가 됩니다.

문제는 시스템 자체가 아닙니다. 오히려 교회는 건강한 시스템이 필요합니다. 하지만 그 시스템이 사람보다 앞서고, 사역이 관계보다 우선되며, 역할이 정체성을 대신하기 시작할 때, 공동체는 눈에 보이지 않는 틈을 만들기 시작합니다.

소비주의적 시선은 이 틈을 더 벌려놓습니다. 사람들은 점점 '교회에서 내가 무엇을 받을 수 있는가'를 기준으로 움직이고, 교회도 자신이 제공할 수 있는 '서비스'를 내세워야 하는 시대가 되었습니다. 교회는 무언가를 주어야 하고, 성도는 선택하고 판단합니다. 자연스럽게 '함께 살아가는 교회'는 '잘 돌아가는 교회'로 대체되고 맙니다.

이 흐름은 규모나 전통과 무관하게 나타납니다. 큰 교회도, 작은 교회도 시스템 중심으로 흘러갈 수 있습니다. 심지어 소그룹조차 프로그램이 되고, 교제는 과제가 되며, 기도 모임은 일정으로만 남습니다.

특히 '브랜드화된 교회'에서는 이 현상이 더 뚜렷하게 나타납니다. 어떤 교회는 제자훈련, 어떤 교회는 치유사역, 또 어떤 교회는 체험 중심의 예배로 유명해지며, 성도는 자신의 필요와 취향에 맞는 교회를 찾아 움직입니다. 교회는 점점 특색 있는 서비스를 제공하는 브랜드가 되고, 공동체는 점점 더 개인의 선택지로 변해갑니다.

하지만 교회는 '잘 운영되는 공간'이 아니라, '함께 살아가는 사람들의 모임'입니다. 누군가의 눈물을 알아채고, 그 곁에 조용히 앉아주는 자리. 어떤 역할을 감당하든 그 이전에 '나'로서 사랑받고, '우리'로서 걸어갈 수 있는 공간. 교회는 원래 그런 자리였습니다.

다시 말해, 교회가 놓친 것은 사역의 다양성이 아닙니다. 관계를 엮어주는 중심, 사람을 사람으로 바라보는 눈, 돌봄과 신뢰로 이어지는 감각. 이것이 희미해진 것입니다.

프로그램은 계속되지만, 마음은 닿지 않습니다. 시스템은 잘 짜여 있지만, 한 사람의 고통은 그 안에서 누락됩니다. 그래서 공동체는 존재하지만, 함께 살아가는 신앙의 자리는 점점 사라지고 있습니다.

교회는 이제 다시 중심을 회복해야 합니다. 관계가 구조보다 먼저이고, 한 사람의 마음이 모든 사역의 출발점이 되어야 합니다. 그렇게 '잘 짜인 교회'가 아니라, '함께 살아내는 교회'로 걸어갈 때, 우리는 비로소 '하나님의 가족'이라는 말의 무게를 회복하게 될 것입니다.

3장
잊혀진 이름, 사라진 얼굴들

1. 이름을 불러주는 교회가 사라졌습니다

교회는 여전히 붐비고 있습니다. 예배당 안은 사람들로 가득하고, 주일학교 아이들의 웃음소리도 들립니다. 사역과 훈련, 모임과 봉사도 여전히 활발히 이뤄지고 있습니다.

그러나 그 안에서 조용히 묻혀버린 존재들이 있습니다. 오래 함께했던 이가 사라졌는데 아무도 알아차리지 못하고, 몇 달째 나오지 않는 이가 있지만, 여전히 누군가 자리에 앉아 있으니 그 자리를 대신 채운 것 같아진 오늘의 교회. 이름은 명단에 있지만, 얼굴은 기억나지 않고, 말씀은 같이 들었지만, 삶은 알지 못한 채 지나가는 관계들. 누군가를 '불러주는' 교회가 아니라, '목록에 남아 있는' 교회가 되어가고 있는 현실입니다.

예배당은 커졌지만, 목소리는 낮아졌습니다. 함께 있는 듯하지만, 서로에 대해 모른 채 지나가는 익명의 예배자들. 교회는 공동체였지만, 점점 '모인 무리'가 되고 있습니다. 우리는 여전히 예배를 드리고 있고, 여전히 말씀을 듣고 있지만, 정작 누군가의 이름을 기억하고 부르는 일에는 점점 인색해지고 있는 것입니다.

김춘수 시인의 시 「꽃」에는 이런 구절이 있습니다.

> "내가 그의 이름을 불러주기 전에는 / 그는 다만 하나의 몸짓에 지나지 않았다."

이름을 불러주는 순간, 존재는 달라집니다. 그저 스쳐 지나가던 누군가가, 누군가의 '사람'이 됩니다. 신앙도 그렇지 않을까요?

함께 예배드리는 이들의 이름을 알고, 그 이름을 부를 수 있는 관계 안에서 우리는 비로소 '공동체'라는 정체성을 경험하게 됩니다.

키오스크가 없는 매장에 가면, 다소 불편함이 있더라도 저는 저의 존재를 다시 한번 인식하게 됩니다. 직접 주문을 받아주기도 하고, 지금은 키오스크가 어느 정도 도입된 스타벅스 매장에서는 주문한 음료가 나올 때 앱에 등록해 둔 별칭으로 저를 불러주기도 합니다. 누군가의 얼굴을 보고, 말을 건네고, 이름을 부른다는 것. 이 단순한 행위 속에 우리는 다시금 '인간적인 공간'이라는 인식을 가지게 됩니다. 교회도 그러해야 하지 않을까요? 우리가 예배하는 그 자리가, 키오스크처럼 기능적이고 효율적인 공간이 아니라, 서로의 이름을 불러주고, 기억하고, 기다리는 '관계의 자리'가 되어야 하지 않을까요?"

예배당은 시스템이 아니라 사람이 있어야 따뜻해집니다. 설교는 말씀이지만, 성도는 얼굴입니다. 그리고 교회는 결국, 누군가의 이름을 불러주는 사람들로 세워지는 공동체입니다.

이제 교회는 자신에게 되물어야 합니다."

"우리 교회는 누군가의 이름을 부르고 있는가?"
"우리는 지금, 누구와 함께 신앙의 길을 걷고 있는가?"

이름을 부른다는 것은, 존재를 환대하는 일입니다. 교회는 바로 그런 자리여야 합니다. 하나님의 이름으로, 사람의 이름을 기억해 주는 곳. 잊혀진 이들의 자리를 기억하고, 사라진 이들을 다시 불러주는 곳. 그럴 때 교회는, 비로소 '몸'이 됩니다. 예수 그리스도의 몸, 서로 연결되고 기억되는 유기체로서의 교회가 되는 겁니다.

2. 유목민과 코쿠닝, 그들만의 신앙 생존법

오늘날 많은 성도들은 자신이 속한 교회를 '한시적 거처'로 생각합니다. 신앙은 지키고 싶지만, 공동체에 뿌리내리는 것에는 망설임이 따릅니다. 그들은 교회에 등록하지 않고, 섬기지도 않으며, 예배만 드리고 조용히 떠납니다. 이들을 우리는 '신유목민 성도

Nomad Christians'라 부릅니다. 감동적인 설교와 좋은 분위기를 찾아 곳곳을 옮겨 다니며, 자신에게 맞는 교회를 '경험'합니다. 그러나 그 여정에서 정착은 점점 멀어지고, 관계는 선택의 대상이 됩니다.

'노마드nomad'는 특정한 장소에 정착하지 않고 유목하며 살아가는 존재를 뜻합니다.7 이들은 "지금 나를 가장 편하게 해줄 수 있는 곳"을 기준으로 움직이며, 어느 한 곳에 오래 머무는 것을 중요하게 여기지 않습니다. 실제로 2014년 한국갤럽조사에서는 "종교는 좋지만 종교 단체에 얽매이기는 싫다"는 기독교인이 전체의 52%에 달했고, 서울신학대학교의 조사에 따르면 1년간 교회를 옮긴 비율이 48.4%에 이르렀습니다.8 정착보다 이동이 자연스러운 시대, 성도들은 영적 여정조차도 '경험 중심'으로 선택하고 있습니다.

또 다른 부류는 교회 안에 있지만, 그 안에서 자기만의 공간을 구축하는 이들입니다. 이들은 '코쿠닝 성도Cocooning Christians'라 부를 수 있습니다. 미국의 미래학자 페이스 팝콘Faith Popcorn은 현대인들이 급변하는 사회와 불확실한 현실로부터 자신을 보호하려는 경향을 '코쿠닝cocooning'이라고 설명했습니다.9 마치 누에가 고치 속에 숨어 지내듯, 사람들은 외부의 위협으로부터 자신을 감추고, 안전한 공간에 머물고자 합니다.

교회 안에서도 이러한 코쿠닝 성향은 분명하게 드러납니다. 외형적으로는 공동체에 속해 있지만, 실제로는 은혜를 '개인적으로 저장'하며 살아갑니다. 자신의 신앙은 고백하지 않고, 타인의 삶에는 관심이 없습니다. 환대보다는 보호를, 노출보다는 거리두기를 택합니다. 교회라는 공간 안에 있지만, 관계는 철저히 고립되어 있는 삶. 공동체의 일원이라기보다는, 관찰자이자 개인 소비자로서 신앙을 유지하려는 모습입니다.

더욱이 최근에는 이 코쿠닝 경향이 디지털 기술과 결합하면서 새로운 양상을 보입니다. 사람들은 더 이상 공동체를 통해 위로받기보다는, 집이라는 안전지대 안에서 온라인으로 예배하고, 콘텐츠를 소비하며 신앙을 관리합니다. 자신이 원하는 시간, 원하는 교회, 원하는 설교자를 선택하여 영상으로 시청하고, 예배를 드리지만 공동체에 대한 책임은 최소화합니다. 그렇게 신유목민과 코쿠닝 성도는 디지털 환경과 맞물리며 점점 더 '혼자 있는 신앙'에 익숙해지고, 심지어 그것이 자연스럽다고 느끼기까지 합니다.

그러나 이러한 흐름은 결국 공동체적 신앙의 해체로 이어질 위험이 큽니다. 연결성과 공동체성은 다릅니다. 플랫폼 안의 '접속'은 관계를 의미하지 않고, 함께 있는 듯 보이지만 서로의 이름조차 부르지 않는 익명성 속에서 공동체는 점점 약화됩니다. 예배는 정보가 되고, 교회는 브랜드가 되며, 사람은 기능으로 대체됩니다. 그리고 성도의 신앙은 점점 자기 안으로만 움츠러듭니다.

실제로 제가 사역하던 한 교회에서, 매주 조용히 와서 예배만 드리고 바로 떠나는 성도 한 분이 있었습니다. 어느 날 그분은 큰 용기를 내어 제게 상담을 요청하셨습니다. 알고 보니 이전 공동체에서 깊은 상처를 입으셨고, 그 후론 어디에서도 마음을 내어놓을 수 없었다고 하셨습니다. 그분은 말씀과 기도로 자신의 믿음을 간신히 붙들고 있었지만, 관계는 여전히 두렵다고 했습니다. 그 대화를 통해 저는 깨달았습니다. '신유목민'이나 '코쿠닝'이라는 이름 뒤에는, 사실 '외로움과 상처 속에서 버티는 이들의 간절함'이 숨겨져 있었습니다.

이들은 신앙을 포기한 것이 아닙니다. 다만 신앙을 '홀로 감당해야 한다'고 믿게 된 사람들입니다. 공동체 안에서 안전하지 않았던 경험들, 관계가 주는 피로감, 자신을 방어해야 했던 반복된 기억 속에서, 그들은 점점 연결을 최소화한 신앙 방식을 선택하게 되었습니다. 그리고 교회는, 그런 성도들에게 여전히 머물 수 있는 안전한 곳이 되어주지 못했습니다.

이제 교회는 다시 질문해야 합니다.

"우리는 이들을 어떻게 환대할 수 있을까?"
"우리는 그들의 이름을 불러주고 있는가?"
"신앙을 혼자 견디지 않아도 되는 공동체가, 우리에게 정말 존재하고 있는가?"

유목민처럼 떠돌다가도, 고치 안에 숨었다가도, 다시 돌아올 수 있는 교회. 관계로 상처 입은 이들이 다시 관계로 회복될 수 있는 교회. 그곳이 교회여야 합니다.

신앙을 소비하는 시대 속에서, 교회는 다시 나눔과 헌신, 고백과 용서를 회복해야 합니다.

신유목민과 코쿠닝 성도들을 비판하기보다, 그들의 이야기를 경청하며, 함께 살아갈 방법을 고민해야 합니다. 그럴 때 교회는 다시 함께 지어져 가는 성전(엡 2:21-22), '몸'이 됩니다.

3. 다시 서로의 이름을 부를 수 있을까?

익명성과 거리두기는 처음엔 편안해 보일 수 있습니다. 불필요한 간섭 없이, 조용히 예배드리고 돌아갈 수 있으니 오히려 효율적이라 여겨지기도 합니다. 그러나 그 시간이 길어질수록, 사람은 점점 공동체 감각을 잃어갑니다. '함께 살아가는 신앙'이 아니라, '나만의 생존 방식으로 유지하는 신앙'이 됩니다.

신앙은 점점 고백보다 수행 중심으로 흘러가고, 예배는 감동이 사라지면 쉽게 포기할 수 있는 활동이 됩니다. 서로의 이름을 기억하지 않고, 마주 앉은 얼굴이 익숙하지 않으며, 기도 제목을 나누는 일이 멈춘 자리에 침묵과 무관심이 남습니다. 이는 단지 '서운한 느낌'의 문제가 아닙니다. 이 침묵은 결국 공동체 전체의 역동성을 약화시키고, 교회를 교회되게 하는 영적 흐름을 차단합니다. 하나님 나라의 삶은 본래 '혼자'가 아닌 '함께'였기에, 공동체의 연결이 끊어질 때 신앙의 체계도 흔들리게 됩니다.

회복은 대단한 프로그램에서 시작되지 않습니다. 오히려 '누군가의 이름을 다시 불러주는 것'에서 시작될 수 있습니다. 잊고 있었던 얼굴을 떠올리고, 지워졌던 이름을 기도에 다시 올리며, 다시 삶의 자리에서 서로를 불러주는 것. 그것이 공동체 회복의 첫걸음입니다.

우리는 다시 교회가 '모인 사람들의 자리'가 아니라 '함께 살아가는 사람들의 자리'가 되기를 꿈꿔야 합니다. 예배와 사역, 프로그램과 훈련도 중요하지만, 그 모든 것보다 먼저, 이름을 불러주는 공동체, 얼굴을 기억하는 공동체가 되어야 신앙은 다시 살아 숨 쉬게 됩니다.

지금 우리 교회에 필요한 것은 더 많은 사역자도, 더 세련된 콘텐츠도 아닌, 서로를 향한 기억과 부름의 회복일지 모릅니다.

이 질문은 아직, 우리 곁에 머물러 있습니다

왜 사람들은 여전히 '함께'를 꿈꾸면서도, 교회 안에서는 함께하지 못하는가?

왜 세상은 정체성과 감정을 중심으로 작은 부족을 형성하며, 연결을 찾아 모이고 있는데, 교회는 점점 흩어지고 있는가?

그리고 교회는, 과연 그 흐름 안에서 다시 '중심'이 될 수 있을까?

2부
우리가 잃어버린 공동체

1장
구약과 신약의 '공동체' 신앙

1. 부르심은 언제나 '함께'였습니다

성경은 처음부터 공동체의 여정입니다. 하나님은 한 사람을 부르셨지만, 결코 그를 홀로 두지 않으셨습니다. 아브라함을 부르실 때도, 그에게 주신 약속은 개인의 복이 아닌 "너를 통해 모든 민족이 복을 받게 될 것"이라는 공동체적 비전이었습니다. 하나님은 '나'보다 '우리'를 통해 일하시는 분이며, 하나님의 백성은 언제나 공동체로 불렸습니다.

구약에서 '교회'를 의미하는 말로는 카할קהל과 에다עדה가 사용됩니다. 두 단어 모두 공동체를 뜻하지만, 의미에는 차이가 있습니다.10 카할은 실제적으로 한 자리에 함께 모인 공동체를 의미합니다.레 4:13; 신 5:22 이는 이스라엘이 하나님의 말씀 앞에 물리적으로 모이는 '현장성'과 '직접성'을 강조하는 단어입니다. 반면 에다는 이스라엘 후손 전체, 즉 신앙의 공동 정체성을 지닌 집단을 지칭할 때 사용됩니다.민 1:16; 삿 20:1 이처럼 구약에서부터 하나님의 백성은 단순한 집합이 아니라, 함께 모이고 함께 살아가는 공동체로 이해되었습니다.

신약에서 교회를 뜻하는 단어는 에클레시아ἐκκλησία입니다. 본래 이 단어는 고대 도시국가에서 시민들이 중요한 결정을 위해 소집되는 정치적 모임을 뜻했습니다.행 19:39, 41 11 그런데 초대 교회는 이 용어를 자신들에게 적용했습니다. 이는 단순한 차용이 아니라, 자신들을 하나님께 부름받은 새로운 공동체, 곧 '하나님의 백성'으로 이해했다는 상징적 표현입니다. 실제로 사도 바울은 이 단어를 한 지역 교회뿐 아니라, 전 세계에 흩어진 그리스도인의 연합체를 가리키는 말로 사용했습니다.롬 16:4; 엡 1:22; 골 1:18

당시 로마 사회에는 이미 다양한 형태의 자발적 결사체voluntary associations, collegia, 이른바 동호회가 존재했습니다. 정치, 철학, 종교, 공예, 장례까지도 포함한 이 모임들은 공동의 관심사를 가진 사람들이 코이노니아κοινωνία를 중심으로 유대감을 형성하는 사회적 장치였습니다. 이들은 규칙을 정하고, 헌장을 만들며, 심지어 사망 시 장례를 치르는 규율까지도 갖춘 조직이었습니다.12 음식을 나누고, 축제를 열며, 공통의 정체성을 나누던 이들은 오늘날의 새로운 공동체 현상과도 유사한 형태를 띠고 있습니다.

하지만 교회는 이들과 본질적으로 달랐습니다. 교회는 신분이나 출신, 성별과 계층을 초월하여 예수 그리스도라는 중심으로 모인 전례 없는 공동체였습니다.13 복음에 대한 고백으로 연결된 이들은 세례를 통해 공동체의 일원이 되었고, 한 성령 안에서 동일한 은혜를 누리는 존재가 되었습니다.고전 12:13; 엡 2:18 유대인이나 헬라인이나, 종이나 자유인이나, 남자나 여자나 모두가 그리스도 안에서 하나였습니다.갈 3:28 이는 단순한 사교모임이나 문화 공동체로서는 구현할 수 없는 급진적 연대였습니다.

초대 교회는 그렇게, 세상이 알지 못했던 공동체적 상상력을 실현해내기 시작했습니다. 외적으로는 로마 사회의 작은 결사체처럼 보였지만, 그 내면은 성령의 임재와 복음의 능력으로 움직였습니다. 그들은 함께 밥을 먹고행 2:46, 함께 기도하며행 1:14, 서로의 짐을 지며갈 6:2, 삶을 나눴습니다. 이 공동체는 단순히 살아남기 위한 집단이 아니라, 하나님 나라의 복음을 실현해가는 믿음의 새로운 질서였습니다.

이처럼 부르심은 언제나 '함께'였습니다. 하나님은 사람을 홀로 부르시지 않으시며, 믿음은 결코 개인의 경주로 끝나지 않습니다. 우리는 늘 함께 걸어야 합니다. 교회의 본질은 바로 거기에 있습니다. 그리고 이 공동체적 부르심은 오늘의 교회가 회복해야 할 가장 근원적인 정체성입니다.

2. 초대 교회와 로마 사회의 동호회, 무엇이 달랐을까?

초대 교회가 등장한 로마 제국은 이미 다양한 공동체가 존재하던 시대였습니다. 사람들은 정치, 철학, 종교, 동업자 간의 유대, 공예와 기능 등 공통의 관심사나 신념을 중심으로 자발적으로 모였습니다.14이들은 '코이노니아 κοινωνία'라 불리는 동반자 정신을 기반으로 모임을 구성했고, 이를 바탕으로 정기적인 식사, 장례 의식, 축일 행사 등을 함께 하며 유대감을 유지했습니다. 오늘날의 동호회나 중세의 길드 guild와 비슷한 형태였습니다. 이들 단체는 때로는 종교적 색채를 띠었지만, 궁극적으로는 '관심사 기반의 공동체'에 머물렀습니다.

이런 사회 구조 속에서 교회 역시 처음에는 하나의 사교적 모임처럼 보였습니다. 그들도 가정에 모였고, 식사를 나누었으며, 공동의 가르침을 따랐기 때문입니다. 실제로 로마 당국은 교회를 초기에는 새로운 종교 집단이나 철학적 결사체로 여겼습니다. 그러나 곧 이들이 기존의 동호회와는 본질적으로 다르다는 점이 드러났습니다.

첫째, 교회는 '예수 그리스도'라는 정체성으로 모인 공동체였습니다.

동호회는 취미나 관심사를 중심으로 모였지만, 교회는 부르심에 응답한 자들이었습니다. 이는 개인적 취향이 아니라, 존재의 방향이 바뀐 사람들의 모임이었습니다. 그들에게 신앙은 삶의 일부가 아니라, 삶 그 자체였습니다. '예수께 속한 사람'이라는 고백이 공동체의 본질이었습니다.

둘째, 교회는 기존 사회의 경계를 허물었습니다.

로마 사회는 철저한 신분사회였습니다. 시민과 노예, 남성과 여성, 유대인과 헬라인 사이에는 넘을 수 없는 벽이 존재했습니다. 그러나 초대 교회는 그러한 차이를 뛰어넘었습니다. "유대인이나 헬라인이나, 종이나 자유인이나, 남자나 여자나 다 그리스도 예수 안에서 하나"라는 선언은 단순한 구호가 아니라, 실제 삶에서 실현된 질서였습니다.갈 3:28 그들은 서로를 형제, 자매로 불렀고, 실제 가족처럼 돌보았습니다.

셋째, 교회는 단지 '모이는 사람들'이 아니라, 함께 '사는 사람들'이었습니다.

로마의 사교 모임이 여가와 친교 중심이었다면, 교회는 예배와 제자도의 공간이었습니다. 그들은 함께 말씀을 배우고, 함께 떡을 떼며, 함께 기도했습니다. 그리고 그 모든 행위 속에서 주님의 재림을 기다렸습니다. 공동 식사는 단순한 친목이 아니라, 종말을 소망하는 신앙의 실천이었습니다.

그렇기에 교회는 단순한 사교 집단이 아니었습니다. 그들은 '함께 살아가는 방식'을 바꾼 사람들이었습니다. 초대 교회는 '믿는다'는 고백이 개인의 내면에서만 머물지 않고, 새로운 삶의 질서와 공동체적 실천으로 이어지는 공간이었습니다. 오히려 그 '다름' 때문에 세상으로부터 핍박을 받았고, 그 다름 때문에 많은 사람이 매료되었습니다.

그 다름은 단지 외형이나 제도의 차이가 아니라, 그들 안에 중심을 이루고 있던 '무엇' 때문이었습니다.

　세상의 다른 모임은 사람들의 취향과 감정으로 묶였지만, 교회는 더 깊은 곳에서부터 연결된 사람들이었습니다.

　이제 우리는 묻게 됩니다.

　그들을 그렇게 하나로 붙들었던 중심은 무엇이었는가?

　무엇이 그들을 세상과 구별되게 했는가?

　그 중심이 곧, 우리가 이 시대에 다시 회복해야 할 구심점입니다.

　그리고 그 구심점은 단순히 '잘 짜인 구조'가 아니라, 오직 교회만이 가질 수 있는 본질적 힘에서 시작됩니다.

2장
부족처럼 모이는 시대, 교회는 무엇이 다른가?

오늘날 우리는 다시 공동체를 찾아 헤매는 시대를 살고 있습니다. 디지털과 초개인화가 극단으로 치닫는 이 시대, 사람들은 역설적으로 자신을 이해해주고 함께 살아갈 수 있는 '작은 무리'를 갈망합니다. 단순한 정보나 유익이 아니라, 공감과 정체성의 연결을 통해 안정과 의미를 얻고자 합니다.

프랑스 사회학자 미셸 마페졸리는 이러한 흐름을 "신부족주의 neo-tribalism"라 불렀습니다.15 그는 현대인이 더 이상 제도나 이념으로 묶인 거대 담론의 공동체에 머무르지 않고, 대신 감정의 교류, 취향의 공유, 일상의 정서를 중심으로 형성된 작고 느슨한 공동체를 지향한다고 말합니다.16 혈연이나 법적 의무가 아닌 감정적 유대에 기초한 부족, 그것이 오늘의 사람들을 연결하고 있다는 겁니다.

이런 흐름은 오늘의 교회를 돌아보게 만듭니다. 교회는 과연 이 시대에 어떤 공동체로 자리 잡아야 할까요? 그리고 교회는 이 '신부족주의적 흐름' 속에서 어떤 구별됨을 가져야 할까요?

1. 사람들은 다시 '함께'를 원합니다

이 시대는 분명 공동체가 해체되고 있다고 말하지만, 그 속을 들여다보면 사람들은 여전히 함께를 갈망합니다. 다만, 전통적인 방식이 아닌 새로운 형식의 공동체, 곧 작은 부족을 찾아 나설 뿐입니다.

사회학자 데이비드 리스먼David Riesman은 그의 저서 『고독한 군중』에서 현대인을 "타인지향형 인간"이라 정의합니다. 전통의 권위가 약해지고, 내면의 신념보다 외부의 시선과 사회적 기준이 더 중요해진 시대에 사람들은 자신을 증명하기 위해 끊임없이 타인의 반응을 살핍니다.17 이처럼 타인의 인정을 통해 자신을 확인하려는 사람들은 자연스럽게 비슷한 감정과 취향을 공유하는 이들과 함께 있을 때 안정감을 느끼게 됩니다. 그리고 그렇게 만들어진 집단이 바로 오늘날의 감정 중심, 취향 중심의 '작은 부족'들입니다.

이런 맥락에서 오늘날의 공동체는 점점 더 브랜드화되고, 콘텐츠화되고 있습니다. 누군가와 신뢰를 쌓기보다, 나와 감정을 공유할 수 있는 콘텐츠를 가진 집단을 찾아 떠납니다. 공동체는 더 이상 '참여'와 '헌신'의 공간이 아니라, '경험'과 '선택'의 대상이 된 것입니다. 교회조차도 이 흐름 안에서 '감동적인 경험을 제공하는 곳'으로 전락할 위험 앞에 놓여 있습니다.

사회학자 지그문트 바우만Zygmunt Bauman은 이런 흐름을 '액체 공동체liquid community'라 부릅니다.18 쉽게 들어오고, 쉽게 떠날 수 있는 공동체. 유대감보다는 유연성을 중시하고, 책임보다는 감정을 우선하는 집단. 겉으론 관계를 맺는 듯하지만, 실상은 깊은 결속이 사라진 공동체. 교회가 만약 이런 방식으로 사람을 모은다면, 그 안에는 '머무름'보다 '흩어짐'이 더 많아지게 될 것입니다.

바우만은 이러한 시대를 '불확실성의 시대'라 정의합니다.19 고정된 기준 없이, 매 순간이 바뀌는 시대. 정답이 없는 시대 속에서 사람들은 자신이 잉여 인간이 되지 않기 위해 끊임없이 관계를 만들고, 무리에 속하려 애씁니다. 그렇게 형성된 부족은 동질성을 중심으로 타인을 배제하거나, 반대로 서로 다른 정체성이 모여 느슨한 유대 속에 공존하는 방식으로 나타납니다.

이런 공동체 안에서 필요한 것은, 바우만이 말한 '정원사의 정신'입니다. 그가 이 개념에 담은 의미는 뒤에서 더 살펴보겠지만, 간단히 말해 서로 다른 존재들이 함께 살아가기 위해 책임을 지고, 다름을 인정하며, 조화를 이루려는 태도를 가리킵니다. 교회가 바로 그런 정원의 한 부분이 되어야 하지 않을까요?"

우리는 다시 교회가 '모인 사람들의 자리'가 아니라, '함께 살아가는 사람들의 자리'가 되기를 꿈꿔야 합니다. 예배와 사역, 프로그램과 훈련도 중요하지만, 그 모든 것보다 먼저, 이름을 불러주는 공동체, 얼굴을 기억하는 공동체가 되어야 신앙은 다시 살아 숨 쉬게 됩니다.

지금 우리 교회에 필요한 것은 더 많은 사역자도, 더 세련된 콘텐츠도 아닌, 서로를 향한 기억과 부름의 회복일지 모릅니다.

2. 그러나 교회는, 단순히 모임이 아닙니다.

이 지점에서 에밀 뒤르켐의 통찰은 여전히 유효합니다. 그는 종교를 단순한 신앙체계가 아니라 '사회적 연대의 중심'이자 '도덕적 구심점'이라고 보았습니다. 종교 공동체는 사람들을 연결하고 삶에 방향을 제시하며, 공동체적 의식을 강화하는 역할을 한다는 겁니다.[20] 교회는 바로 그러한 사회적 기능을 담당하는 자리였습니다. 단순히 모이는 장소가 아니라, 함께 살아가는 삶의 기준을 형성하고, 신앙의 실천을 가능하게 하는 공동체였습니다.

그런데 오늘날의 교회는, '모이는 데에는 성공했지만, 하나로 연결되지 못하는 공동체'로 나타나는 경우가 많습니다. 신자들은 많지만, 서로의 삶이 만나는 지점은 줄어들었고, 공동체라는 말은 여전히 사용되지만, 그 말이 지닌 실질적 힘은 약해지고 있습니다. 교회의 이름으로 함께하지만, 정작 그 안에서 신뢰와 돌봄, 책임과 연대는 점점 흐릿해져 가고 있기 때문입니다.

이러한 흐름은, 오늘날 사회 전반에서 나타나는 소비주의적 개인화와 무관하지 않습니다. 교회도 점점 '운영의 관점'으로 구성되고 있고, 성도들은 돌봄의 주체가 아니라, 관리의 대상으로 분류되는 현실을 경험하고 있습니다. 신앙의 여정이 관계의 흐름 속에서 성장하기보다, 일련의 과정을 거치고 통과하는 체계 안에서 점검되는 방식으로 바뀐 것입니다.

실제로 많은 교회는 사역과 프로그램을 '정비'하고, 사역자를 통해 관리 가능한 구조로 교회를 조직해 갑니다. 그 결과, 공동체 안에서의 유대는 행정적 시스템에 의존하게 되고, 신자의 삶을 깊이 이해하거나 돌보는 시간은 줄어들게 됩니다. 교회는 존재하지만, 삶을 함께 나누는 사람은 점점 줄어들고, '모임'은 계속되지만 '만남'은 점점 드뭅니다.

이러한 상황은 신앙의 본질이 아닌 운영의 효율성을 앞세우는 흐름에서 비롯됩니다. 신앙은 원래 관계를 기반으로 한 여정이지만, 점점 측정 가능한 사역의 결과물과 숫자 중심으로 해석되고 있는 것입니다. 이는 결국 신자의 영적 여정이 아닌, 교회 시스템의 흐름 안에서 기능하는 역할로 전환되어 가는 현실을 반영합니다.

이런 변화는 제자훈련에도 그대로 나타납니다. 훈련은 원래 인격적 만남과 삶의 나눔을 바탕으로 하는 여정이지만, 오늘날의 교회는 단계별 프로그램과 정량화된 평가 기준을 통해 '이수'와 '수료' 중심의 구조로 제자훈련을 제도화하고 있습니다. 이 과정에서 삶의 실질적 변화는 점점 부차적인 요소로 밀려나고, 훈련 여부가 마치 신앙의 자격처럼 간주되는 문화가 형성됩니다.

이 모든 구조는, 교회가 신자의 삶에 더 깊이 다가가기보다, 효율적으로 관리하기 위한 체계로 재편된 결과입니다. 하지만 효율성은 결코 관계를 대체할 수 없습니다. 하나님의 백성으로서의 정체성은, 함께 걸으며 서로를 알아가는 과정 속에서 형성되는 것이기 때문입니다.

교회는 본래 자격의 공동체가 아니라, 부르심의 공동체였습니다. 자격을 갖추었기 때문에 속하는 것이 아니라, 하나님이 부르셨기 때문에 함께 걷는 사람들. 그런데 교회의 중심이 돌봄과 참여가 아닌, 분류와 평가로 이동하게 되면, 공동체는 점점 삶에서 멀어지게 됩니다. 관리되는 공동체는 효율적일 수 있지만, 그 안에서 삶은 연결되지 않습니다. 사역은 돌아가지만, 신자의 고통은 포착되지 않고, 역할은 유지되지만 돌봄은 실종됩니다. 교회의 사역은 겉으로는 활발해 보이지만, 사람들의 마음은 점점 고립되어 가는 현실. 이것이 오늘날 우리가 마주한 교회의 단면입니다.

교회는 단지 '운영되는 조직'이 아니라, 서로의 삶을 지탱하고, 신앙을 함께 살아내는 유기적 공동체여야 합니다. 프로그램도, 제도도, 시스템도 중요하지만, 그 모든 것은 관계와 돌봄이라는 중심에서 출발해야 합니다. 다시 말해, 사람을 위한 교회여야지, 교회를 위한 사람이 되어선 안 된다는 것입니다.

지금 교회가 회복해야 할 것은, 더 많은 프로그램이 아니라, 더 깊은 동행입니다. 목회는 시스템이 아니라 관계의 언어로 말해야 하고, 교회는 기능보다 마음을 먼저 품어야 합니다. 그렇게 중심이 회복될 때, 교회는 다시 '함께' 살아가는 자리로 나아갈 수 있습니다.

3. 교회는 어떤 모임이 되어야 할까요?

사회학자 페르디난트 퇴니스Ferdinand Tönnies는 사회를 두 가지로 구분했습니다. 하나는 '게마인샤프트Gemeinschaft', 즉 자연적 유대와 신뢰를 기반으로 한 공동사회이고, 다른 하나는 '게젤샤프트Gesellschaft', 목적과 이익을 중심으로 구성된 이익사회입니다.21 이 구분은 단지 구조의 차이를 넘어, 관계의 본질과 인간 연결의 방향성을 보여줍니다.

교회는 본래 게마인샤프트의 전형이었습니다. 예수 그리스도를 중심으로 부름받은 이들이 서로를 위해 살고, 함께 울고 웃는 삶을 나누는 자리. 출신과 신분, 사회적 지위를 넘어, 그리스도 안에서 한 몸을 이룬 이들이 서로를 형제와 자매로 부르며 함께 살아가는 공동체였습니다. 그 안에서 신앙은 개인의 고백을 넘어, 삶의 방식을 이루는 힘이 되었고, 교회는 단순히 모이는 장소가 아니라, 서로를 기억하고 돌보는 사람들의 삶의 중심이었습니다.

그러나 현대의 교회는 점점 게젤샤프트처럼 기능하고 있습니다. 예배는 콘텐츠가 되고, 사역은 프로그램이 되며, 교회의 사명은 일정과 성과로 환산됩니다. 목회자는 영적 인도자라기보다 행정 책임자처럼 인식되고, 성도는 헌신하는 동역자가 아니라 서비스를 제공받는 수혜자처럼 기능하게 됩니다. 관계는 점점 기능화되고, 공동체는 역할로 나뉘며, 사람보다 시스템이 먼저 고려되는 구조가 되어가고 있습니다.

교회는 점점 사람들의 삶과 마음에서 멀어지고 있습니다. 함께 울고 웃는 것이 아니라, 각자의 역할만 감당하는 구조. 일상의 고백보다는 사역의 성과가 우선되는 분위기. 신앙이 삶의 언어가 되기보다는, 특정한 공간에서만 통용되는 언어가 되어가고 있습니다. 이럴 때 공동체는 유지되지만, 그 안의 연결은 점점 느슨해지고, 교회는 조직으로는 남지만, 관계로는 약화됩니다. 이것은 감정과 정체성으로 모이는 지금 시대에 역행하기 때문입니다.

이런 시대적 흐름을 프랑스의 사회학자 미셸 마페졸리Michel Maffesoli는 '신 부족주의Neo-Tribalism'로 설명했습니다. 그는 현대 사회가 전통적 제도와 이념이 아닌, 감정과 취향을 중심으로 소규모 결속을 이루는 방향으로 나아가고 있다고 보았습니다. 결속한다는 겁니다. 이른바 '우리처럼 느끼는 사람들'로 이루어진 감정 공동체입니다.[22]

마페졸리는 이 감정 공동체가 마치 현대의 종교적 현상처럼 작동한다고 보았습니다. [23]상징과 공감의 토템을 중심으로 형성된 이 새로운 부족은, 구성원들이 타자와의 거리를 좁히고, '함께 있음'의 감각을 회복하도록 만듭니다. 그는 이를 통해 전통 종교가 제공하던 집합적 유대와 초월의 감각이, 새로운 방식으로 회복되고 있다고 주장합니다. 마페졸리에 따르면 공동체는 더 이상 제도와 규범이 아니라, 감정의 연결성과 자발적 공감을 통해 유지됩니다.

그렇다면 교회는 이 흐름 속에서 어떻게 다른가? 우리는 이 질문에 답해야 합니다.

교회는 단순히 또 하나의 부족이 되어서는 안 됩니다. 콘텐츠나 분위기로만 사람을 모으는 공동체가 아니라, 고백과 돌봄, 관계와 책임으로 연결된 믿음의 공동체여야 합니다. 신앙은 순간의 감동이 아니라, 함께 살아가는 리듬 속에서 드러나야 하며, 그것은 감정의 결속만으로는 유지되지 않습니다.

이 지점에서 마페졸리와 함께 자주 언급되는 지그문트 바우만의 시선도 필요합니다. 그는 불확실성과 유동성이 지배하는 시대 속에서, 공동체는 점점 보호막을 상실하고 있다고 보았습니다. 바우만은 이런 시대에 필요한 인간상을 '정원사'에 비유했습니다. 정원사는 다양한 구성원이 조화를 이루며 살아갈 수 있도록 잡초를 제거하고 질서를 유지하도록 돌보는 사람입니다. 그는 이 정원사 개념을 통해, 이질적인 사람들과 함께 살아가는 공동체는 명예, 책임, 공감의 정신 위에 세워져야 한다고 보았습니다.[24]

바우만의 정원사적 접근은 질서와 돌봄을 통해 공동체를 유지하는 방식이라면, 마페졸리는 내부의 열정과 자율성에서 공동체의 가능성을 발견합니다. 교회는 이 두 관점을 통합할 수 있어야 합니다. 신앙은 책임과 공감, 명예와 정직, 관계와 은혜 위에 서야 하고, 공동체는 제도로 강제되는 것이 아니라, 자발적으로 모여드는 중심구심점을 통해 유지되어야 합니다.

교회는 본질적으로 '하나님이 중심이 되는 감정 공동체'이며, '말씀과 은혜'라는 구심점 위에 모인 부족입니다. 그러나 그 중심이 흔들릴 때, 교회는 기능적으로는 유지되더라도, 존재적으로는 약해지기 시작합니다. 사역은 많아도 돌봄은 줄고, 훈련은 많아도 고백은 사라지고, 프로그램은 돌아가지만, 관계는 닫히게 됩니다.

그렇기에 지금 우리가 회복해야 할 것은 프로그램보다 중심입니다. 더 감동적인 콘텐츠가 아니라, 더 깊이 연결된 관계입니다. 사람을 동원하는 교회가 아니라, 사람을 기억하는 교회, 시스템으로 운영되는 교회가 아니라, 신뢰로 세워지는 교회. 그래야만 교회는 다시 '함께' 살아가는 자리로 돌아갈 수 있습니다.

이제 교회는 물어야 합니다.

"우리는 무엇으로 연결되고 있는가?"
"우리 안에는 어떤 구심점이 살아 있는가?"
"그리고, 우리는 아직 서로의 삶을 기억하고 있는가?"

그 질문을 붙들 때, 교회는 이 시대의 부족들 속에서도 구별된 정체성을 지닌, 하나님의 백성으로 살아갈 수 있을 것입니다.

3부

교회, 중심을 잃다

1장
중심을 잃은 교회

1. 하나님보다 사역이 앞설 때

지금까지 우리는 사회 전반에서 공동체 감각이 무너진 시대적 흐름을 살펴보았습니다. 문제는 이러한 흐름이 교회 안에서도 그대로 나타나고 있다는 점입니다. 사역은 남았지만 관계는 약해졌고, 프로그램은 풍성해졌지만, 생명의 흐름은 희미해졌습니다. 교회도 결국 중심을 잃어가고 있습니다. 우리가 무엇을 위해 모이고 있는지, 왜 함께 예배하고 섬기는지를 놓친 채, 분주한 실천만 남은 상태에 이른 것입니다. 이제 교회는 스스로에게 물어야 합니다. 우리는 여전히 중심을 붙들고 있는가? 아니면 중심을 잃은 채, 구조만 유지하고 있는가?

교회는 하나님의 부르심에 응답한 사람들의 공동체입니다. 그러나 오늘날의 교회는 점점 '사역이 앞서고, 하나님은 뒤로 밀리는' 현실을 마주하고 있습니다. 문제는 사역이 있다는 것이 아니라, 그 사역이 하나님보다 앞서기 시작할 때 일어나는 교회의 변질입니다. 사역은 곧 교회의 정체성이 되고, 교회를 이루는 중심이 되며, 어느 순간 교회는 '무엇을 하는가'로 정의되기 시작합니다.

현대 교회에서 사역은 점점 세분화되고, 체계화되고, 프로그램화 되어가고 있습니다. 사람들은 예배와 양육, 봉사와 훈련, 소그룹과 전도 등 다양한 활동에 참여하지만, 그 모든 중심에 '하나님과의 관계'가 놓여 있는지에 대한 질문은 점점 사라집니다. 교회는 바쁘게 움직이고 있고, 그 안에서 많은 일이 벌어지지만, 정작 하나님이 그것을 기뻐하시는지는 점점 묻지 않게 됩니다.

이런 태도는 결국 개인의 신앙에도 드러납니다. 그래서 어떤 이들은 말합니다. "내가 기도해서 받은 건 하나님의 뜻이고, 당신이 기도해서 받은 건 당신 생각이다." 마치 기도의 결과가 자신의 확신을 뒷받침하는 수단인 것처럼 여깁니다. 이런 태도는 하나님을 앞세우는 척하지만, 실상은 자기의 계획을 하나님 이름으로 승인받으려는 것입니다.

오늘날의 교회는 종교적 소비자의 요구에 맞추어 자신의 정체성과 활동을 조정합니다. 사역은 '브랜드 교회'를 형성하는 핵심 콘텐츠가 되고, 사람들을 유지하고 유입시키는 주요한 수단이 됩니다. 여기서 교회의 사역은 목적이 아닌 수단이 되고, 사역의 결과는 교회의 성장을 측정하는 지표가 됩니다.

앞서 소개한 프랑스의 사회학자 장 보드리야르가 말한 '기호의 소비'는 이 현상을 다시 한번 정확히 짚어줍니다. 그는 현대 사회에서 사람들은 상품 그 자체가 아닌 그것이 상징하는 이미지와 기호를 소비한다고 했습니다. 교회도 마찬가지입니다. 신앙의 여정마저도 선택과 만족의 기준으로 재단되는 시대입니다. 교회는 브랜드로 여겨지고, 사역은 그 브랜드를 뒷받침하는 콘텐츠처럼 기능합니다.

그 결과, 교회는 '신앙을 지키는 공동체'라기보다 '종교적 경험을 제공하는 공간'으로 변모합니다. 사람들은 하나님의 임재보다 사역의 완성도를 더 민감하게 느끼고, 성도의 신앙은 관계보다 활동에 의해 측정됩니다. 교회는 여전히 많은 사역을 진행하고 있지만, 그 중심에 하나님이 계시는지 묻는 일은 점점 사라지고 있습니다.

이러한 사역 중심 구조 속에서 목회자의 역할도 변화합니다. 사역자는 더 이상 '목양자'가 아니라, 사역 시스템을 기획하고 운영하는 '관리자'로 요구됩니다. 목회자는 영혼을 돌보는 자라기보다, 프로그램을 운영하고, 목표를 설정하며, 결과를 내는 리더로서 자리매김하게 됩니다. 이런 구조에서는 한 영혼을 향한 섬세한 돌봄보다, 사역의 효율성과 성장이 더 중요한 과제가 됩니다.

그 결과, 성도와 목회자 모두 관계의 깊이는 얕아지고, 성과의 압박 속에 놓입니다. 예배와 봉사, 양육과 훈련은 은혜에 대한 응답이 아니라 수행해야 할 과제로 전락하게 됩니다. 교회는 존재하지만, 하나님과의 친밀함은 점점 사라지고, 사역은 있지만 쉼은 없으며, 열심은 있지만 중심은 놓친 채로 반복되는 일상 속에서 지쳐 갑니다.

지그문트 바우만이 말한 "액체 근대"는 이 흐름을 사회적 배경 안에서 설명합니다. 현대 사회는 끊임없는 변화와 경쟁 속에서 유동성과 효율을 최고의 가치로 삼습니다.25 이 흐름은 교회 안에서도 반복됩니다. 정체성보다 실적, 관계보다 구조, 존재보다 실행이 강조됩니다. 예배가 살아 있느냐보다, 예배에 몇 명이 참석했느냐가 더 중요하게 여겨집니다. 말씀에 순종했는지보다, 프로그램이 얼마나 잘 진행되었는지가 더 주목받습니다.

이렇게 사역이 중심이 될 때, 교회는 점점 '무엇을 위한 모임'이 아니라 '무엇을 하는 조직'이 됩니다. 공동체는 '사역을 위한 인프라'로 전락하고, 관계는 '역할을 수행하는 팀워크'로만 기능합니다. 교회는 분주하고, 시스템은 정교하며, 외적으로는 안정되어 보이지만, 그 안의 성도들은 점점 더 외롭고, 피로하고, 방향을 잃어갑니다.

교회의 소비주의화는 결국 '공동체적 감각'을 해체시킵니다. 사역 중심의 교회는 관계보다 시스템을 우선하게 되고, 신앙은 함께 살아가는 여정이 아니라, 일정표와 업무표 속에 갇힌 활동으로 축소됩니다. 사람들은 여전히 예배에 참석하지만, 자신이 사랑받고 있는지 느끼지 못하고, 헌신은 하지만 관계의 깊이는 얕아지고, 사역은 하지만 중심은 점점 멀어집니다.

지금 교회는 스스로에게 되물어야 합니다.

"지금 우리 교회는 누구를 위해 이 사역을 하고 있는가?"
"이 사역의 중심에 과연 하나님은 살아 계신가?"
"하나님보다 사역이 앞서고 있지는 않은가?"

회복은 그 질문에서 시작됩니다. 사역은 필요하지만, 하나님보다 앞설 수 없습니다. 프로그램은 도구일 뿐, 교회의 중심이 될 수 없습니다. 하나님이 교회의 중심이 되지 않는다면, 아무리 많은 사역과 콘텐츠가 있어도, 교회는 점점 '함께'가 사라진 구조가 될 수밖에 없습니다.

2. 돌봄이 아니라 관리가 되는 교회

교회는 사람을 세우는 곳입니다. 누군가의 삶을 붙들고, 기도를 기억하고, 아픔을 함께 견뎌주는 자리. 교회는 본래 그런 돌봄의 공동체였습니다. 목회자는 한 영혼을 위해 기도하며, 성도는 서로의 짐을 나누고, 공동체는 삶의 고비마다 곁을 지켜주는 신앙의 울타리였습니다.

하지만 오늘날의 교회에서 이러한 정서적 돌봄은 점점 희미해지고 있습니다. 공동체 안에 있음에도 누군가에게 속해 있다고 느끼지 못하고, 이름은 명단에 있지만, 삶은 공유되지 않는 현실. 교회는 여전히 기능하고 있지만, 그 기능이 사람을 돌보기보다 '관리하기 위한 시스템'으로 작동하고 있다는 느낌을 받게 됩니다.

이 변화의 배경에는 교회 구조의 체계화와 프로그램화가 자리하고 있습니다. 교회가 성장하면서 행정과 조직은 더 정교해졌고, 사역은 분야별로 세분화되었으며, 성도는 체계적인 절차 속에 배치됩니다. 등록부터 양육, 훈련과 봉사까지, 하나의 과정으로 설계되고, 각 단계는 관리 시스템 안에서 기록되고 평가됩니다. 얼핏 보면 체계적인 돌봄처럼 보입니다. 그러나 정작 그 안에서 사람들은 "나는 돌봄 받고 있는가?"라는 질문 앞에 망설이게 됩니다.

돌봄은 숫자나 보고로 측정되지 않습니다. 누군가의 이름을 기억하고, 그 이름 뒤에 있는 삶의 이야기를 아는 일. 그것이 돌봄입니다. 그러나 교회가 시스템 중심으로 구조화될수록, 이러한 돌봄은 점점 사라집니다. 누군가 예배에 참석했는지는 알 수 있지만, 그가 어떤 눈물로 앉아 있었는지는 알지 못합니다. 어떤 가정이 등록했는지는 파악되지만, 그들의 형편과 신앙 여정은 놓치기 쉽습니다.

돌봄이 관리로 대체될 때, 공동체의 온도는 낮아집니다. 사람들은 여전히 교회에 출석하지만, 마음은 닫혀 있고, 삶은 분리됩니다. 돌봄은 표면적 인사와 행정적 체크리스트로 축소되고, 실제적인 신뢰와 연결은 이루어지지 않습니다. 관계는 정서적 연결이 아닌 기능적 분류로 나뉘며, 성도는 점점 '사역을 감당하는 자원'으로만 인식됩니다.

이러한 흐름은 교회를 숫자와 실적으로 해석하는 성장주의적 관점과도 맞물립니다. 교회의 건강성은 공동체 안의 신뢰나 나눔보다, 출석 수와 참여율, 훈련 이수율로 평가됩니다. 보고서에는 '몇 명이 등록했고, 몇 명이 양육을 받았는지'가 기록되지만, '얼마나 깊이 연결되어 있는가'라는 질문은 서류에 담기지 않습니다. 그 결과, 교회는 외형적으로는 커지지만, 공동체 내부는 점점 고립되고 냉소적인 분위기로 흘러가게 됩니다.

돌봄은 한 사람을 중심에 두는 시선입니다. 그러나 관리의 시선은 전체를 우선하며, 효율과 성과를 기준으로 판단합니다. 한 성도가 사라졌을 때, 그 자리를 얼마나 빨리 채울 수 있느냐가 더 중요하게 여겨지고, 누군가 말없이 무너지고 있어도 시스템이 돌아가고 있다면 문제는 인식되지 않습니다. 사역자는 사역을 수행하는 데에 집중하고, 성도는 피로한 일상을 감당하며 예배에 참여하지만, 그 누구도 "지금 당신은 괜찮습니까?"라고 묻지 않습니다.

이런 구조 속에서 교회는 점점 '운영되는 공동체'가 되며, 정작 신앙의 여정에 필요한 정서적, 영적 동반자는 사라져 갑니다. 신앙은 여전히 지켜지고 있지만, 그 신앙을 함께 지탱해줄 관계는 점점 줄어들고 있습니다. 사람들은 예배는 드리지만 마음을 나누지는 않고, 기도는 하지만 기도 제목을 공유하지는 않습니다. 믿음은 여전히 중요하다고 말하면서도, 믿음을 나눌 공간은 더 이상 찾기 어렵습니다.

돌봄이 사라진 교회는 언젠가 사람의 자취도 잃어버립니다. 프로그램은 남고, 시스템은 돌아가지만, 사람의 숨결과 고백은 점점 희미해지고 맙니다. 교회는 분명 존재하지만, 그 안에서 누군가를 품는 온기는 점점 식어갑니다. 우리가 교회를 '함께 사는 자리'라고 말할 수 없다면, 그 교회는 이미 중심을 잃어가고 있는 겁니다.

지금 우리에게 필요한 것은 복잡한 전략이 아닙니다. 오히려 한 사람의 이름을 다시 불러주는 일, 잊고 있던 얼굴을 떠올리는 일, 다시 손을 내미는 일입니다. 공동체의 회복은 복잡한 설계가 아니라, 다시 사람을 중심에 두는 시선에서 시작됩니다. 교회가 다시 사람을 품을 때, 공동체는 돌봄의 자리를 회복하게 될 것입니다.

3. 활동은 많은데, 마음이 머물지 않습니다

오늘날 교회는 그 어느 때보다 많은 사람들과 프로그램, 사역으로 채워져 있습니다. 예배당은 붐비고, 주보는 빼곡하고, 교회 홈페이지에는 각종 모임과 훈련, 사역이 정리되어 있습니다. 그러나 그 안에서 우리는 한 가지 본질적인 질문을 떠올리게 됩니다. "이 안에 사람과 사람 사이의 관계는 살아 있는가?" 사람들은 많은데, 정작 마음을 나눌 이가 없습니다. 사역은 넘쳐나지만, 그 안에 고백은 사라졌습니다. 모임은 잦지만, 함께 머무는 시간은 점점 줄어듭니다. 기도는 있지만, 그 속에 눈물이 없습니다. 말씀이 들려도, 기다림 없이 지나갑니다.

이는 프로그램 자체의 문제가 아닙니다. 프로그램은 공동체를 세워가는 귀한 도구입니다. 건강한 프로그램은 교회를 질서 있게 이끌고, 성도들이 신앙 안에서 자라갈 수 있도록 돕습니다. 그러나 문제는, 그 프로그램이 관계를 대체하기 시작할 때 일어납니다. '함께 살아가는 신앙'이 '함께 일하는 사역'으로만 좁혀질 때, 교회는 본질을 놓치게 됩니다.

오늘날 많은 교회가 "활동은 있지만 연결은 없다"는 피로 속에 놓여 있습니다. 소그룹에 속해 있어도 진짜 나를 말하지 못하고, 예배를 드려도 마음은 홀로 남습니다. 신앙의 여정은 함께 걷는 길이어야 하지만, 어느새 개인의 역할 수행으로 분절되어버립니다. 교회는 하나님의 백성이 함께 걷는 공동체였지만, 점점 '과업 중심 팀워크'로 기능하고 있습니다.

이런 변화는 소비주의적 흐름 속에서 신앙이 재구성되고 있기 때문입니다. 사람들은 이제 '함께 살아가는 것'보다 '내게 맞는 것'을 우선합니다. 교회도 이에 맞춰, 다양한 선택지를 제공하고, 효율적인 시스템을 개발하고, 감동을 주는 콘텐츠를 기획합니다. 그러다 보면 교회는 사람을 연결하는 곳이 아니라, 사람을 배분하는 구조가 됩니다. 관계의 깊이보다 역할의 효율이 우선되고, 신앙은 점점 기능으로 축소됩니다.

문제는 교회가 점점 구조화될수록, 그 안에 있는 '사람'은 익명화된다는 사실입니다. 사역을 맡긴 성도의 이름은 기억하지만, 그의 아픔은 잊히고, 모임의 인원은 관리되지만, 정작 마음의 거리감은 채워지지 않습니다. 하나님의 나라는 '한 사람'을 기억하는 공동체인데, 오늘의 교회는 점점 그 '사람'을 시스템 속으로 흡수하고 있습니다.

이러한 현실은 결국 교회가 존재의 공동체가 아니라 기능의 조직으로 전락할 위험을 드러냅니다. 교회는 구조를 통해 움직이지만, 구조로 인해 관계가 약화된다면, 그것은 더 이상 교회다움이라 말할 수 없습니다. 하나님은 우리를 어떤 역할로 부르신 것이 아니라, 어떤 존재로 부르셨기 때문입니다.

교회의 존재 목적은 단지 '효율적인 사역 운영'이 아닙니다. 교회는 본래, 한 사람의 삶에 하나님이 어떻게 임하시는지를 함께 목격하는 자리입니다. 서로의 기쁨과 고통을 함께 지는 자리이며, 무너진 사람을 다시 일으키고, 질문 많은 사람을 기다려주는 공동체입니다. 그러나 관계 없는 프로그램은 그 모든 가능성을 사라지게 만듭니다.

그래서 지금 교회는 다시 관계를 회복하는 질문 앞에 서야 합니다. 우리는 지금 누구와 함께 신앙을 걷고 있는가? 내가 속한 모임은 누군가의 삶을 기억하고 있는가? 함께 예배하는 이의 고통을 우리는 기도로 품고 있는가? 사람은 있지만, 관계는 사라진 교회에서 다시 살아나는 생명은, 이름을 부르고 마음을 듣는 자리에서 시작됩니다.

그리고 우리는 기억해야 합니다. 초대 교회는 구조가 아니라 관계로 시작했습니다. 그들은 함께 떡을 떼며 행 2:42, 서로의 필요를 채우고 행 4:34, 날마다 얼굴을 마주하며 신앙을 나누었습니다. 오늘날의 교회도 다시 그런 중심으로 돌아가야 합니다. 프로그램이 돌아가고 있다는 것보다, 사람이 살아 있다는 것이 더 중요합니다.

예수님께서 그러셨듯이, 한 사람의 이름을 부르고, 얼굴을 기억하며, 그 삶에 들어가는 교회. 그때, 교회는 다시 관계 속에서 살아나는 공동체가 될 수 있습니다. 그것이 곧, 하나님께서 처음 교회를 부르신 이유입니다.

2장
기능은 남고 관계는 사라지다

1. 분주한 사역, 비어가는 마음

언제부터인가 목회자들 사이에 '소진burn out'이라는 단어가 낯설지 않게 되었습니다. 안식년을 다녀오고 나서야 겨우 "살 것 같다"는 말을 꺼내는 이들도 있고, 교회를 개척하고 5년을 채우기도 전에 탈진을 호소하며 사역의 방향을 다시 고민하는 이들도 있습니다. 교회는 여전히 바쁘게 굴러가고 있지만, 정작 그 중심에서 교회를 돌보고 있는 목회자들의 마음은 점점 지쳐가고 있습니다. 무엇이 이토록 우리를 소진하게 만드는 걸까요? 그 원인을 단순히 '과중한 업무'나 '교회 내부의 문제'로 돌리기에는, 이 시대의 목회는 보다 구조적인 한계 안에 있는 듯 보입니다. 분주한 사역과 비어가는 마음 사이의 간극, 그것은 단지 사역의 과잉에서 비롯된 것이 아닙니다. 우리는 지금, 목회가 감당해야 할 '본질'이 흐려진 시대를 살아가고 있습니다.

현대의 교회는 멈추지 않고 움직이고 있습니다. 예배와 교육,

양육과 훈련, 소그룹과 전도, 다양한 사역과 행정이 유기적으로 운영되고 있으며, 그 흐름은 마치 하나의 '시스템'처럼 정교하게 작동합니다. 매주 주보에는 수많은 일정과 계획이 실리고, 성도들은 그 안에서 각자의 역할을 감당합니다. 교회는 기능적으로 결코 부족하지 않습니다. 그러나 역설적으로, 그 안에 있는 사람들은 점점 더 '비어 있음'을 호소합니다.

사역은 여전히 이어지지만, 마음은 점점 메말라 가고 있습니다. 사람들은 '무엇인가 하고는 있는데, 정말 함께하고 있는지는 모르겠다'고 말합니다. 우리는 여전히 하나님을 섬기고 있다고 믿지만, 실제로는 감정의 연료 없이, 종교적 시스템만을 따라 움직이고 있을지 모릅니다. 겉으로는 충실하게 섬기고 있지만, 마음 깊은 곳에서는 점점 공허해지고 있습니다. 이것이야말로 '비어 가는 마음'의 진짜 원인입니다. 예배는 드리지만 감격이 덜하고, 봉사는 하지만 마음이 따라가지 않으며, 훈련은 받지만 연결의 감각은 줄어듭니다. 열심은 있는데, 왜 마음은 텅 비어 있을까요?

이러한 현상은 단순히 개인의 신앙 태도의 문제만은 아닙니다. 오히려 교회의 구조와 문화가 효율과 실행에 과도하게 집중한 결과일 수 있습니다. 앞서 살펴보았듯, 오늘날의 교회는 소비주의 사회의 영향을 받아 점점 기능적으로 정교하게 작동하는 조직의 특성을 띠게 되었습니다. 다양한 사역과 프로그램은 일정표 속에 배치되고, 성도들은 그 안에서 정해진 역할을 따라 움직입니다.

문제는 바로 그 흐름이 관계와 신앙의 여정을 뒷받침하지 못할 때 발생합니다. 교회는 공동체이기 이전에 '기능적인 시스템'으로 여겨지기 시작하고, 성도는 '함께 살아가는 존재'라기보다 '역할을 수행하는 구성원'으로 전환됩니다. 그 결과, 우리는 함께 있는 것 같지만, 실제로는 서로에게 깊이 연결되지 못하고, 각자 주어진 일만을 감당한 채 흩어지는 공동체의 모습을 마주하게 됩니다.

교회가 구조화될 수밖에 없는 현실은 충분히 이해됩니다. 다양한 연령대와 필요를 아우르기 위해, 질서 있는 운영과 행정, 그리고 반복 가능한 훈련 체계는 반드시 필요합니다. 그러나 그 구조 안에 놓인 사람들의 마음은 어떠한가요? 우리는 여전히 누군가의 이름을 부르고, 서로의 삶을 기도하며 기억하고 있을까요? 아니면 함께 있는 사람들을 '함께 일하는 사람'으로만 여기고 있지는 않을까요?

바우만은 '액체 근대'라는 개념을 통해, 현대 사회가 모든 관계를 유동적으로 재구성한다고 지적했습니다.[26] 헌신보다는 선택, 관계보다는 효율, 공동체보다는 계약이 우선되는 시대입니다. 이러한 흐름 속에서 교회마저도 '사역을 위한 조직'으로 정립된다면, 공동체는 사람을 돌보는 영적 공간이 아니라, '종교적 업무'를 수행하는 장소로 축소될 수 있습니다.

오늘날의 교회는 이러한 위기를 마주하고 있습니다. 사역은 끊임없이 이어지고 있지만, 사람들의 마음은 메말라가고 있고, 관계는 얕아지고 있습니다. 특히 목회자와 리더들은 그 누구보다 사역의 부담을 안고 있지만, 정작 자기 자신은 돌봄의 대상이 되지 못합니다. '해야 할 일'은 많은데, '함께하는 사람'은 보이지 않을 때, 마음은 쉽게 공허해지고 피로해집니다.

사역이 많다고 해서 문제가 되는 것은 아닙니다. 진짜 문제는 그 사역이 더 이상 사람을 살리지 못할 때입니다. 본래 사역은 하나님의 사랑을 전하고, 사람을 세우며, 공동체를 이어주는 고리가 되어야 했습니다. 그러나 지금 우리는 그 고리가 끊어지는 지점에 서 있습니다. 사역은 넘치지만 돌봄은 메말라 가고, 계획은 분주하지만 기도는 사라지고, 프로그램은 풍성하지만 마음을 나눌 자리는 점점 줄어듭니다.

결국 이 모든 것은 소비주의 사회의 영향 아래, 교회마저도 '관리 가능한 공동체'로 정립되었기 때문입니다. 브랜드화된 교회는 체계적이고 효율적일 수 있지만, 그 안에 사람을 깊이 들여다보는 시선이 사라진다면, 우리는 다시 근본적인 질문 앞에 서야 합니다.

"지금 우리는 누구를 섬기고 있는가?"
"무엇을 위해 이렇게 바쁘게 움직이고 있는가?"
"우리의 사역은 누군가의 마음을 살려내고 있는가?"

사역의 풍성함이 곧 공동체의 건강함을 의미하지는 않습니다.

공동체는 함께 살아가는 사람들의 유기적인 관계 속에서 자랍니다. 활동은 많지만 삶을 나누지 못할 때, 역할은 분주하지만 신뢰는 없을 때, 교회는 기능할 수는 있어도 살아 있지는 않을 수 있습니다.

우리는 다시, 사역의 목적을 돌아보아야 합니다. 사역은 하나님을 사랑하고 이웃을 돌보기 위한 도구입니다. 사람의 마음을 살리고, 공동체의 숨을 불어넣기 위한 통로입니다. 사역이 곧 하나님은 아닙니다. 하나님이 중심이 되어야, 그 사역은 제자도의 길로 이어질 수 있습니다. 지금 교회가 필요한 것은, 더 분주한 손이 아니라, 더 깊이 연결된 마음입니다. 사역의 성공이 아니라, 함께 살아가는 신앙의 회복입니다.

2. 구조화된 교회, 시스템의 함정

교회는 점점 더 정교해지고 있습니다. 목회 시스템은 시대의 흐름에 맞춰 발전해 왔고, 행정은 전문화되었으며, 각종 양육과 훈련, 전도 프로그램은 체계적으로 설계되어 있습니다. 많은 교회들이 '모든 것을 처음 온 사람도 쉽게 이해하고 참여할 수 있는' 구조를 지향하고 있고, 실제로 그 효과도 나타납니다. 성장은 예측 가능해지고, 사역은 안정되며, 목회자와 리더들은 부담을 분산시킬 수 있게 됩니다.

이러한 구조화는 교회의 건강한 운영을 위한 필수적인 조건이기도 합니다. 오늘날 목회 현장은 점점 복잡해지고 있고, 한 사람의 직관이나 은사만으로는 교회가 감당해야 할 책임을 모두 맡기 어려운 시대가 되었습니다. 그래서 일정한 시스템은 반드시 필요합니다.

구조가 잘 세워질수록 성도들은 더 쉽게 참여할 수 있고, 사역은 일시적인 열정에 그치지 않고 지속성을 가질 수 있습니다. 또한 교회의 사명 역시 추상적인 구호에 머무르지 않고, 실제 삶 속에서 구체적으로 실행될 수 있는 힘을 얻게 됩니다. 다시 말해, 시스템은 단순히 교회를 효율적으로 운영하기 위한 장치가 아니라, 성도들의 은사를 묶어내고 교회가 장기적으로 사명을 감당할 수 있도록 돕는 중요한 도구가 되는 것입니다.

그러나 문제는 그 시스템이 사람보다 앞서기 시작할 때 드러납니다. 구조는 본래 사람을 살리고 돕기 위해 있는 것이지만, 어느 순간 그것이 관계를 대신하고 감정을 단순화할 때, 교회는 점차 운영되는 조직처럼 변해갑니다. 그때부터 교회의 중심은 더 이상 관계와 돌봄이 아니라 절차와 과정이 되고, 성도의 신앙 여정도 기도와 사랑의 교제가 아닌 이수와 수료의 숫자로 평가되기 시작합니다.

특히 대형 교회일수록 이런 경향은 더욱 뚜렷하게 나타납니다. 수많은 성도들을 대상으로 사역을 운영하기 위해선 시스템이 필수적이기 때문입니다. 등록 절차, 새가족 교육, 양육 훈련, 소그룹 배정, 리더 발굴, 봉사 배치… 이 모든 것들은 치밀하게 설계된 하나의 흐름으로 구성되어 있습니다. 그러나 그 흐름이 점점 '얼마나 정확하게 굴러가느냐'에 초점이 맞춰질 때, 교회의 시선은 한 사람의 마음이 아니라 전체의 운영에 머무르게 됩니다.

더 큰 문제는, 이 시스템이 신앙의 본질까지 재구성하기 시작할 때입니다. 어떤 교회는 제자 훈련의 단계마다 수료증을 나눠줍니다. 몇 기를 마쳤는지, 몇 단계를 통과했는지가 신앙의 성숙처럼 기록되고, 때로는 리더를 세우는 기준이 되기도 합니다. 훈련이 삶의 변화보다 평가로 기울어질 때, 제자도는 여정이 아니라 과정 통과로 축소됩니다. 결국 교회는 인격적 신앙의 길이 아니라, 표준화된 종교 체계로 변질되고 맙니다.

구조가 사람을 위해 존재하지 않는다면 이야기는 달라집니다. 사람을 향한 시선이 사라진 구조는 교회를 더 이상 함께 살아가는 공동체가 아니라 기능을 수행하는 단체로 만들어 버립니다. 주보에는 일정이 빼곡하지만 한 사람의 눈물은 기록되지 않고, 출석은 체크되지만 마음의 거리는 여전히 남습니다.

이것은 교회의 크기와 상관없는 문제입니다. 작은 교회에서도 충분히 일어날 수 있습니다. 소수의 리더들이 역할에 매몰된 나머지 관계를 위한 자리는 줄어들고, 회의와 계획은 있어도 나눔과 고백은 사라지는 경우가 많습니다. 교회가 일정을 소화하느라 사람을 잊어버릴 때, 우리는 이 질문 앞에 서야 합니다.

'우리는 지금 사람을 위해 구조를 사용하는가, 아니면 구조를 위해 사람을 배치하고 있는가?'

'시스템의 함정'이란 바로 그 지점에서 생깁니다. 시스템은 효율적일 수 있지만, 영적인 연결은 비효율 속에서만 자랍니다. 한 사람의 이름을 기억하고, 느리더라도 그의 여정을 함께 걷는 관계. 그것이 바로 공동체입니다. 교회는 늘 함께 사는 사람들의 공간이어야지, 단순히 함께 일하는 사람들의 조직이 되어서는 안 됩니다.

또한 시스템화된 교회는 점점 성도들을 비 정서화된 존재로 만듭니다. 기도 제목은 양식에 적고, 소그룹 모임은 순서에 따라 진행되며, 나눔은 제한된 시간 안에 마무리되어야 합니다. 정해진 틀 안에서는 자유로운 고백도 어렵고, 돌봄의 깊이도 한계에 부딪힙니다. 그렇게 관계는 점점 표면화되고, 삶은 체계 속에서 침묵하게 됩니다.

교회는 점점 돌봄보다 관리가 앞서는 구조로 흘러가고 있습니다. 누가 오고, 누가 떠났는지는 시스템이 기록하지만, 왜 왔고, 왜 떠났는지는 기억되지 않습니다. 시스템은 문제를 보고하지만, 사람의 마음은 보고할 수 없습니다. 성도의 삶을 돌보는 목회는, 기록이 아니라 관계 안에서 일어나는 일이기 때문입니다.

교회는 분명 존재하지만, 그 중심이 하나님이 아니라면, 우리는 바쁘게 돌아가는 사역 속에서도 길을 잃을 수 있습니다. 하나님 없이도 교회는 운영될 수 있지만, 하나님 없이 교회다울 수는 없습니다. 이 영적 중심의 상실이야말로, 공동체를 서서히 무너뜨리는 본질적인 위기입니다.

공동체 감각의 상실은 단지 감정의 문제가 아닙니다. 그것은 신앙의 구조가 흔들리고 있다는 증거입니다. 이름을 기억하지 않고, 기도 제목이 공유되지 않으며, 함께했던 경험들이 사라질 때, 공동체는 시스템 속에서 '분해'되기 시작합니다. 아무리 정교한 구조가 있어도, 그 안에 살아 있는 관계가 없다면, 교회는 결국 기능하는 조직일 뿐입니다.

공동체는 효율적으로 관리할 수 있는 대상이 아닙니다. 관계는 느리고, 고백은 비효율적이며, 진심은 다루기 어렵습니다. 그러나 바로 그 자리에서 신앙은 살아납니다. 교회는 함께 걷는 자리이며, 서로의 마음이 스치는 자리입니다. 관리보다 돌봄, 분류보다 연결, 시스템보다 사람. 이것이 회복되어야 교회는 다시 중심을 품은 공동체가 될 수 있습니다.

우리는 다시 물어야 합니다. 지금 우리의 교회 안에, 기도와 고백이 흐르고 있는가? 사람과 사람이 만나며, 하나님 앞에 함께 서고 있는가? 공동체는 다시 묻고 있습니다. "당신의 이름은 기억되고 있습니까?" 이 질문이 교회의 중심을 흔듭니다. 그리고 회복은, 이 질문을 두려워하지 않는 교회로부터 시작됩니다. 공동체는 기능이 아니라 삶이며, 교회의 중심은 '돌봄'이어야 합니다. 지금은,

교회의 중심이 회복되어야 한다는 긴급한 요청 앞에 서 있습니다.

결국 시스템은 교회의 목적이 아니라 수단입니다. 중요한 것은 그 시스템이 얼마나 정교한가가 아니라, 그 시스템 안에서 얼마나 많은 사람이 살아나는가입니다. 예배 인도표가 아니라 예배자의 눈물이, 사역 계획이 아니라 사역자들의 고백이, 양육 진도표가 아니라 삶의 변화가 중심이 되어야 교회는 다시 살아 있는 공동체가 됩니다.

지금 우리에게 필요한 것은 덜 움직이는 교회가 아니라, 더 깊이 연결되는 교회입니다. 프로그램과 사역이 멈추지 않더라도, 그 안에 사람이 있고, 기도가 있고, 이름을 기억하는 공동체가 있다면, 교회는 여전히 하나님의 임재 안에 있습니다.

그래서 우리는 묻습니다. 그리고

"지금 우리가 섬기고 있는 구조는, 사람을 위한 것입니까?"
"우리의 시스템은, 사람의 마음을 기억하고 있습니까?"
"그 중심에 과연 하나님이 살아 계십니까?"

3. 함께 자라지 않는 성장의 위기

오늘날 많은 교회는 분명 '성장'이라는 열매를 맺고 있습니다. 예배 인원이 늘어나고, 다양한 사역이 확장되며, 새가족이 매주 등록합니다. 주일이면 교회 주차장은 붐비고, 주보에는 빽빽한 사역들이 안내되어 있으며, 리더들은 분주하게 움직입니다. 수치로 본다면, 교회는 확실히 '자라고' 있습니다.

그러나 그 안에 있는 성도들의 마음은 과연 함께 자라고 있을까요? 모임은 많아졌지만 정작 그 안에서 자신의 삶을 나누는 이들은 줄어들고, 성도 수는 늘어났지만 내 기도를 기억해주는 사람은 드뭅니다. 무언가 성장한 것 같은데, 그 성장 속에서 누군가는 오히려 외로움을 느낍니다. 많이 모였지만, 함께 자라지 못한 것입니다.

교회의 성장은 축복입니다. 그러나 그 축복이 진짜 축복으로 이어지기 위해서는, 그 안에 담긴 '관계'와 '공동체성', 그리고 '하나님의 임재'가 살아 있어야 합니다. 성경은 단순한 숫자의 증가보다 삶의 열매에 대해 이야기합니다. 예수님은 무리보다 제자들을 세우셨고, 제자들을 통해 세상을 변화시키셨습니다. 교회는 사람을 세우는 곳이지, 수치를 채우는 곳이 아닙니다.

1970년대 이후 한국 교회는 눈부신 성장을 경험했습니다. 수많은 전략과 모델들이 소개되었고, 성장의 방법론은 곧 교회 운영의 기준처럼 여겨졌습니다. 그 시도 자체는 결코 잘못이 아닙니다. 오히려 시대의 요청에 민감하게 반응했던 소중한 흐름이었습니다. 하지만 그 과정에서 중요한 것을 놓치게 되었습니다. '얼마나 낳이'가 아니라, '어떻게 함께' 자랐는가에 대한 질문입니다.

교회가 함께 울고 웃으며, 기도하고 돌보는 공동체의 본질을 잃어버린다면 그 성장은 허상이 될 수 있습니다. 겉으로는 풍성해 보이지만, 중심이 비어 있는 구조. 성장은 곧 교회의 존재 이유가 되지만, 관계가 희미해진 그 자리는 공동체가 아닌 조직만이 남습니다.

사실, 성장 자체는 중립적입니다. 그것이 무엇을 중심으로 이루어졌느냐에 따라 사람을 살리는 통로가 되기도 하고, 관계를 소외시키는 구조가 되기도 합니다. 문제는 성장 그 자체가 아니라, 그 성장을 통해 무엇을 잃고 얻었는가입니다.

많은 교회가 '성공적인 성장'의 결과로 규모는 커졌지만, 목회자는 사역의 흐름에 매몰되고 성도는 기능과 역할로만 분류됩니다. 예배는 열리지만, 기도는 나눠지지 않고, 사역은 활발하지만, 고백은 사라집니다. 한 교회의 리더는 "성도는 늘어나지만, 기도제목을 나누는 사람은 점점 줄어들고 있다"고 고백했습니다. 숫자는 많아졌지만, 그 속의 사람들은 익명화되고 있다는 뜻입니다.

이러한 흐름은 결국, 교회를 존재로서의 공동체가 아닌 기능으로서의 조직으로 전락시키는 착시를 만듭니다. 마치 건강하게 자라고 있다고 착각하게 하지만, 실제로는 속이 비어있는 구조입니다. 관계의 밀도는 낮아지고, 정서적 유대는 사라지고, 사역은 분주하지만 마음은 공허합니다. 이것이 바로 '함께 자라지 않는 성장'의 모습입니다.

성경은 교회의 성장을 외형보다 내면의 충만함으로 말합니다. 초대교회는 숫자로 자라기 전에 삶으로 연결되었습니다. 함께 떡을 떼며, 서로의 필요를 채우고, 고백하고 용서하며, 하나님의 나라를 기다리는 삶을 살았습니다. 그리고 그 안에 '구원의 감격'과 '함께 있음의 기쁨'이 있었기에, 그들의 수가 날마다 더해졌습니다.행 2:47

교회가 진정으로 자라고 있는지 판단하는 기준은, 그 안에 '하나님의 형상'이 얼마나 뚜렷하게 드러나는가입니다. 사역이 아닌 사람, 조직이 아닌 관계, 기능이 아닌 신앙. 이 세 가지 축이 온전히 살아 있을 때, 비로소 그 성장은 하나님의 뜻 안에 있다고 말할 수 있습니다. 그러나 오늘날 많은 교회는 사역의 효율과 구조적 완성도에 집중하면서, 신앙의 관계성과 공동체성을 놓치고 있는 경우가 많습니다.

더 많은 사람을 모으기 위한 기획, 더 나은 인상을 주기 위한 공간 구성, 더 높은 출석률을 위한 이벤트 등은 교회가 외적으로 성장하는 데 도움을 줄 수 있습니다. 하지만 그것이 공동체의 정체성을 강화하지 못한다면, 오히려 그 교회는 더 깊은 단절을 경험하게 됩니다. 관계 없이 자란 교회는 위기의 순간에 서로를 붙들지 못하고, 문제 앞에서 무너질 가능성이 큽니다.

공동체란 단지 모여 있는 사람이 아니라, 함께 살아내는 사람들입니다. 서로의 이름을 알고, 기도를 나누고, 삶을 기억하는 사람들. 교회가 그 중심을 회복하지 못한 채 확장된다면, 우리는 어느 순간 '풍성한 빈집'이 되어 있을지 모릅니다. 무너짐은 언제나 내부로부터 시작됩니다. 관계가 느슨해질 때, 신앙은 개별화되고, 교회는 소비될 뿐입니다.

그러나 교회는 단지 종교 콘텐츠를 소비하는 곳이 아닙니다. 교회는 예수 그리스도의 몸이고, 하나님의 백성이며, 서로를 사랑으로 세워가는 공동체입니다. 그러므로 교회의 성장은, 단지 외형의 확장이 아니라, 관계의 깊이와 신앙의 뿌리가 함께 자라는 일이어야 합니다.

오늘날 교회는 다시 질문해야 합니다. "우리는 자라고 있는가?" 그리고 그 질문 다음에는 이렇게 물어야 합니다. "함께 자라고 있는가?" 사역은 많지만 지쳐 있는 성도들, 프로그램은 있는데 관계가 메마른 공동체, 성장했지만 허전한 마음들. 우리는 지금 그 자리에서 회복을 시작해야 합니다.

지금 우리에게 필요한 것은, '함께 자라는 성장'입니다. 숫자가 늘어나도 이름을 기억하고, 공간이 넓어져도 서로를 품으며, 구조가 복잡해져도 고백이 살아 있는 교회. 그것이 진짜 성장입니다. 그렇게 자란 교회는 흔들리지 않습니다. 그리고 그런 교회는, 세상의 소금과 빛이 될 수 있습니다.

3장
다시 '중심'을 묻다

1. 교회는 왜 존재하는가

오늘날 교회는 분주합니다. 사역은 끊임없이 이어지고, 프로그램은 정교하며, 예배와 양육, 훈련은 체계적으로 운용되고 있습니다. 그러나 그 안에 살아 있는 질문은 점점 사라지고 있습니다. 지금 교회는 스스로에게 되물어야 할 시점에 와 있습니다. 교회는 무엇을 하기 위해 존재하는 것이 아니라, 하나님 앞에서 '어떤 존재'인가를 회복해야 할 자리입니다.

교회의 존재는 기능보다 먼저 존재의 고백에서 출발합니다. 공동체란 단순히 함께 있는 사람이 아니라, 같은 중심을 향해 걷는 사람들의 모임입니다. 이 중심이 흔들리면, 아무리 많은 사역과 활동이 있어도 공동체는 흩어지게 됩니다. 지금 교회가 잃어버린 것은 프로그램이 아니라, 우리 존재에 대한 인식입니다.

성경은 교회를 하나님께 부름받은 사람들의 모임으로 증언합니다. 하나님은 사람을 먼저 부르셨고, 그 부르심은 언제나 공동체적이었습니다. 아브라함을 부르실 때도 그의 믿음은 공동체를 향한 복으로 연결되었고, 이스라엘 백성을 이끄실 때도 그들은 함께 모여 하나님의 말씀을 들었습니다. 교회는 이 부르심의 연장선상에서, 하나님의 백성으로 부름받은 사람들의 모임입니다.

하나님께 부름받은 백성은 단지 장소를 공유하는 존재가 아닙니다. 그들은 하나님 앞에 선 '존재'로서 함께 부름받은 공동체였습니다. 초대 교회가 사용한 '교회'라는 개념 역시 단지 사교적 모임이나 신앙 동호회가 아니라, 하나님의 말씀과 성령 안에서 정체성을 부여받은 이들의 공동체를 의미합니다. 이 정체성은 각 사람의 고백에서 출발하지만, 공동체 속에서 구체화되며, 세상 속에서 드러나는 방식으로 이어집니다.

초대 교회는 당시 로마 사회의 수많은 자발적 결사체와 구별되는 삶의 방식을 실천했습니다. 공동의 신앙 고백과 성찬, 말씀과 기도의 나눔, 그리고 실제적인 돌봄과 환대는 단순한 종교 행위가 아닌 '삶의 방식'이 되었습니다. 이는 곧, 교회가 단지 기능하거나 체계화된 조직이 아니라, 함께 살아가는 사람들의 집이라는 사실을 보여줍니다.

오늘날 우리는 다시 그 질문으로 돌아가야 합니다. 교회는 왜 존재하는가? 프로그램을 운영하기 위해서가 아니라, 하나님 앞에 함께 서기 위해서입니다. 사역을 완수하기 위해서가 아니라, 복음을 살아내기 위해서입니다. 교회는 세상의 방식과 다르게 살아가는 사람들이 함께 모여, 또 다른 삶의 방식이 가능하다는 것을 증언하는 자리입니다.

교회는 존재보다 역할이 앞서고, 사역이 하나님보다 앞설 때가 많아졌습니다. 수많은 일정과 프로그램은 이어지지만, 정작 교회가 왜 세워졌는지는 흐릿해지고 있습니다. 사람들은 여전히 예배에 참석하지만, 그 예배가 삶을 묶어 주는 자리가 되지 못합니다. 교회는 계속해서 조직처럼 움직이고 있지만, 그 안에서 하나님의 숨결은 점점 옅어지고 있습니다.

교회의 존재는 하나님과 사람 사이를 잇는 다리입니다. 잊힌 이름을 다시 부르고, 외로운 사람의 이야기를 들어주며, 함께 기도하고 삶을 나누는 자리입니다. 예배는 그 시작이며, 관계는 그 열매입니다. 교회는 사람을 살리고, 진리를 붙들고, 하나님 앞에 함께 서는 것입니다. 바로 그 자리가 교회가 존재하는 이유입니다.

복음은 단지 죄 사함의 소식이 아니라, 새로운 삶의 질서를 부여합니다. 그리스도 안에서 우리는 새로운 피조물이 되었고, 그 새로움은 공동체 안에서 실현됩니다. 교회는 이 복음의 실체를 증언하는 자리고, 그 복음이 지금도 살아 있다는 증거입니다. 그러므로 교회가 존재한다는 것은, 하나님 나라의 삶이 여전히 가능하다는 믿음의 고백입니다.

지금 우리는 다시 이 질문 앞에 서야 합니다. "교회는 왜 존재하는가?" 그 질문은 단지 구조나 운영의 문제를 넘어서, 하나님 앞에 어떤 존재로 살아가고 있는지를 묻는 근본적인 질문입니다. 이 질문에 진실하게 답할 수 있을 때, 교회는 다시 중심을 회복하게 될 것입니다. 그리고 그 중심이 살아 있을 때, 교회는 다시 사람들의 마음을 붙들고, 세상 속에서 하나님 나라를 증언하는 공동체로 설 수 있을 것입니다.

2. 제도 바깥의 제자도

한때 제자 훈련은 한국교회의 부흥을 이끌었던 중요한 신앙 운동이었습니다. 그 훈련을 통해 많은 성도들이 신앙의 기초를 세우고, 삶의 현장에서 말씀에 순종하는 제자의 길을 걸어갔습니다. 실제로 수많은 교회가 제자훈련을 통해 공동체를 세우고, 성도 개개인의 삶의 방향을 하나님께로 돌이키는 데 큰 역할을 했습니다. 이는 오늘날까지도 분명한 열매로 남아 있습니다.

그러나 어느 순간부터 이 귀한 제자 훈련의 여정이 '브랜드'로 소비되기 시작했습니다. 특정 교회의 훈련 방식이 마치 신앙의 정석처럼 여겨졌고, 훈련을 수료한 자와 그렇지 않은 자 사이에 보이지 않는 경계가 생겼습니다. 제자훈련은 여전히 유익한 도구이지만, 그 중심이 '삶의 변화'가 아닌 '수료의 인증'으로 이동할 때, 교회는 그 본질을 놓치게 됩니다.

이 지점에서 오늘날 교회는 중요한 질문 앞에 서야 합니다. 제자훈련은 누구를 위한 것인가? 그 훈련이 성도를 하나님의 사람으로 세우는 여정인가, 아니면 교회의 체계 안에서 분류하고 배치하기 위한 도구로 기능하고 있는가? 만약 제자훈련이 시스템화되어 '과정의 완료'가 목적이 되고 있다면, 우리는 다시 본래의 제자도를 회복해야 합니다.

예수님께서 제자를 부르실 때, 그 부르심은 제도나 인증을 전제로 하지 않았습니다. 그분은 삶의 자리에서 사람을 부르셨고, 함께 걸으며 가르치셨습니다. 제자도는 프로그램이 아니라 관계였고, 강의가 아니라 동행이었습니다. 예수님의 부르심은 '따르라'는 말 한마디로 시작되었고, 그 길은 기꺼이 자기 십자가를 지는 여정이었습니다. 그것은 어떤 형식으로도 완결될 수 없는, 살아 있는 삶의 여정이었습니다.

오늘날 제자 훈련이 오히려 교회 내에서 일종의 '역할 배분'이나 '영적 등급'처럼 작동한다면, 그것은 제자도의 본래 목적과 멀어지고 있는 증거입니다. 물론 이것은 제자훈련 자체를 비난하려는 것이 아닙니다. 그 훈련은 여전히 교회를 살리고, 성도를 성장시키는 귀한 도구가 될 수 있습니다. 그러나 그 본래의 정신이 흐려지고, 형식과 기준이 중심을 차지하게 될 때, 우리는 그 훈련이 정말 '예수님을 따르는 삶'으로 이어지고 있는지를 조심스럽게 되물어야 합니다. "우리는 지금, 누구를 따르고 있는가?"

제자도는 자격이 아니라 부르심에 대한 응답입니다. 예수님의 제자는 완벽한 자가 아니라, 날마다 자기를 부인하고 주님의 길을 따르기로 결단하는 사람이었습니다. 따라서 제자훈련은 완성된 사람을 증명하는 수단이 아니라, 하나님 앞에 자신을 열어드리는 훈련의 길이어야 합니다. 교회는 이 본질을 잊지 않아야 합니다.

현대 교회는 소비주의 문화 속에서, 제자 훈련조차도 선택이 가능한 옵션이 되어버린 현실에 직면해 있습니다. 때로는 감동적인 콘텐츠로, 때로는 브랜드화된 훈련 시스템으로 제시되지만, 그것이 삶의 변화로 이어지지 않는다면 결국 신앙은 구조만 남고 중심을 잃게 됩니다. 우리는 다시 본래의 자리로 돌아가야 합니다. 제자 훈련이 아니라, 제자도를 말해야 합니다.

제자도는 제도의 바깥에서 시작됩니다. 교회 시스템을 넘어서, 하나님과 1대 1로 마주 서는 자리에서 시작되는 것입니다. 말씀 앞에 홀로 서고, 기도 가운데 자신을 낮추며, 공동체 안에서 삶을 드러내는 것. 그것이 곧 제자도의 실천입니다. 제도는 도울 수는 있지만, 결코 대신할 수는 없습니다.

지금 우리에게 필요한 것은 새로운 프로그램이 아닙니다. 오히려 다시 '삶으로 부르시는 예수님'을 따르기로 결단하는 신앙입니다. 교회는 제자 훈련이라는 이름 아래 시스템을 만들기보다, 한 사람의 삶이 진짜 복음 안에서 변화되고 있는지를 물어야 합니다. 그래야 그 훈련이 다시 살아 있는 길이 될 수 있습니다.

진짜 제자 훈련은 삶의 현장에서 드러납니다. 예배당 안에서의 고백보다, 일터에서의 정직, 가정에서의 사랑, 낯선 이웃을 향한 환대 속에서 그 훈련의 진실함이 증명됩니다. 교회는 시스템 안에서 이 훈련을 수료시켜야 할 대상이 아니라, 함께 견디며 걸어줄 동행자가 되어야 합니다. 그럴 때 훈련은 단지 가르침이 아니라, 살아 있는 복음의 전수가 됩니다.

제자도는 결국 삶으로 증명됩니다. 교회가 다시 그 길 위에 서지 않는다면, 우리는 아무리 많은 훈련과 사역을 해도 중심을 회복할 수 없습니다. 제도 바깥에서, 하나님 앞에 다시 서는 것. 그것이 오늘 우리 모두에게 필요한 회복의 첫 걸음입니다.

3. 교회다움은 어디서 오는가

오늘날 교회는 다양한 사역과 프로그램, 그리고 정교한 시스템을 통해 조직적으로 운영되고 있습니다. 예배의 형식은 세련되어지고, 사역의 구조는 점점 효율성을 추구합니다. 하지만 우리는 이 흐름 속에서 묻게 됩니다. "이 모든 것 속에 교회다움은 여전히 살아 있는가?"

교회다움은 어떤 활동이나 구조에서 시작되지 않습니다. 그것은 교회가 '무엇을 하는가'보다 '무엇으로 존재하는가'에 관한 질문입니다. 교회는 본래 하나님의 임재가 머무는 곳이었고, 그 임재 안에서 공동체가 형성되고 삶이 변하는 자리를 의미했습니다. 그러나 지금의 교회는 그 존재의 본질을 점점 잃어가고 있습니다. 교회는 여전히 사람들로 채워져 있지만, 그 사람들 사이에 생명력 있는 관계는 줄어들고, 하나님의 임재를 향한 경외도 옅어져 갑니다.

사실 교회의 본질은 단순하지 않습니다. 교회는 동시에 하나님 앞에 선 존재이면서, 동시에 사람들과 더불어 살아가는 공동체입니다. 이는 단순히 두 가지 역할이 있는 것이 아니라, 교회의 정체성 자체가 '하나님과 사람 사이의 다리'로 존재함을 의미합니다. 하나님을 예배하는 자리에서 사람을 향한 사랑이 흘러나올 때, 그때 비로소 교회는 교회다울 수 있습니다. 이 두 중심이 분리될 때, 교회는 존재로서의 깊이를 잃고 기능으로만 남게 됩니다.

교회다움은 말씀 앞에서 자신을 드러내는 자리에서 회복됩니다. 복음은 언제나 사람의 삶을 향한 초대였고, 예수님의 공동체는 단지 가르침을 전달하는 곳이 아니라, 삶을 나누고 변화시키는 현장이었습니다. 초대 교회가 가졌던 힘은 화려한 프로그램이나 전략에서 온 것이 아니라, 복음의 진실함과 그 진실을 함께 살아내는 공동체성에서 온 것이었습니다.

오늘 우리 시대는 복음을 콘텐츠처럼 소비하는 경향이 강해졌습니다. 감동은 있지만, 변화는 없고, 참여는 있지만 헌신은 없습니다. 이런 흐름 속에서 교회다움은 다시 '중심'이 무엇인지 묻는 질문으로 돌아가야 합니다. 우리가 함께 나누는 예배와 훈련, 모든 사역의 한가운데에 하나님이 계시는가? 우리가 행하는 모든 일이 복음에서 출발하여 복음으로 귀결되고 있는가? 이 질문이야말로, 교회가 스스로에게 던져야 할 근본적인 물음입니다.

마페졸리는 현대 사회가 제도나 이념 중심의 공동체가 아니라, 감정적 유대와 공감 중심의 작은 부족들로 재편되고 있다고 말했습니다. 이 신부족주의적 흐름은 단순한 트렌드가 아니라, 사람들이 여전히 공동체를 원하고 있다는 증거입니다. 그러나 교회는 그저 또 하나의 부족이 되어서는 안 됩니다. 교회는 중심이 분명해야 하며, 그 중심은 언제나 복음이어야 합니다. 이 복음이야말로 교회를 다른 어떤 공동체와도 구별되게 만드는 본질입니다.

교회다움은 단지 '함께 모였다'는 사실에서 오는 것이 아닙니다. 우리는 어디서든 모일 수 있습니다. 그러나 교회는 단지 모인 사람들이 아니라, '하나님 앞에 모인 사람들'입니다. 그 부르심 속에서, 우리는 서로를 형제로, 자매로 받아들이고, 그리스도의 몸된 공동체로 연결됩니다. 따라서 교회다움은 하나님 앞에 서 있는 태도와, 서로를 향한 책임감에서 비롯됩니다.

이런 의미에서 교회다움은 복잡한 전략이 아니라 단순한 복종에서 시작됩니다. 하나님의 말씀 앞에 나를 낮추고, 그 말씀을 따라 살아가려는 공동체의 몸짓. 이것이 바로 교회다움의 첫 걸음입니다. 삶의 자리에서 복음으로 연결되는 공동체, 그 자리에 교회다움이 다시 살아납니다.

지금 교회는 다시 물어야 합니다.

"우리는 누구의 이름으로 모였는가?"

"우리의 중심에는 어떤 복음이 살아 있는가?"

"우리는 교회로 존재하고 있는가, 아니면 단지 종교 조직으로 운영되고 있는가?"

교회다움은 존재의 중심이 살아 있을 때 드러납니다. 관계의 회복과 예배의 진실함, 돌봄의 온기와 말씀의 권위가 함께 살아 숨 쉬는 공동체. 그 자리에, 오늘 우리가 회복해야 할 교회의 본질이 있습니다.

4부

중심은 어떻게
회복되는가

1장
영성, 공동체를 살리는 힘

1. 중심이 살아 있을 때, 교회는 다시 모인다

신부족주의 이론을 연구한 마페졸리Maffesoli는, 현대 사회에서 공동체가 해체된 이후에도 사람들은 여전히 '어딘가에 속하고 싶은 갈망'을 가지고 있다고 말합니다.27 그는 이 갈망이 사람들을 다시 새로운 형태의 결속으로 이끈다고 보았고, 그것을 '신부족주의neo-tribalism'라고 정의했습니다. 이 새로운 부족들은 어떤 공통의 가치나 감정, 취향, 혹은 경험을 중심으로 모여들지만, 그 결속은 느슨하면서도 강력한 정서적 연결로 이루어집니다. 이때 이들을 하나로 묶는 구심점은 단순한 기능이나 제도가 아니라, 살아 있는 중심, 다시 말해 '함께 의미를 느끼는 자리'입니다.

그렇다면 교회는 어떻게 다시 모일 수 있을까요? 단순히 프로그램을 늘리거나, 조직 구조를 바꾸는 것만으로는 부족합니다. 마페졸리의 신부족 개념에 비추어보면, 오늘의 교회도 다시 사람들을 모이게 하려면 '공동의 중심'을 되살려야 합니다. 교회가 어떤 가치와 감정, 실천을 중심으로 모여 있었는지를 묻고, 그 중심이 지금 살아 있는지를 되짚어야 합니다. 그 중심이 바로, 예수 그리스도를 향한 살아 있는 영성입니다.

문제는, 많은 교회들이 이제 중심을 잃은 채 기능만을 유지하고 있다는 점입니다. 사역은 돌아가고, 시스템은 작동하는데, 정작 사람들의 마음은 교회 중심으로 연결되지 못하고 흩어집니다. 모임은 있지만, 모임이 의미를 만들어내지 못합니다. 공동체가 함께 모여 하나님을 바라보는 그 중심 자리, 영적 구심력이 사라지면, 사람들은 결국 흩어지고 맙니다. 교회가 '왜' 모이는지를 잃어버릴 때, '어떻게' 모일 것인지는 더 이상 중요하지 않게 됩니다.

그래서 영성은 단지 개인의 경건을 위한 것이 아니라, 공동체를 하나로 모이게 하는 결속의 힘이어야 합니다. 영성이 살아 있을 때, 사람들은 다시 모이게 됩니다. 예배와 기도, 말씀과 고백, 침묵과 환대, 안식과 섬김. 이 모든 것이 단지 프로그램이 아니라, 살아 있는 중심을 둘러싼 공동의 실천이 될 때, 교회는 다시 부족처럼 하나로 모이기 시작합니다.

교회의 중심은 곧 예수 그리스도이십니다. 그런데 이 중심이 단지 신학적 교리나 선언에 머물면, 사람들의 삶을 끌어당기지 못합니다. 중심은 살아 있어야 합니다. 살아 있는 중심은, 그리스도의 임재를 실제로 경험하는 자리이며, 그 임재가 신자들의 삶을 견인하고, 공동체를 묶는 힘이 됩니다.

이 점에서 볼 때, 교회의 영성은 기능이 아니라 '구심력'입니다. 무언가를 조직하고 운영하는 기술이 아니라, 하나님과의 관계를 중심으로 사람들을 엮어내는 힘입니다. 영성은 사람들을 개인주의로 몰아가는 것이 아니라, 함께 모이게 하는 중심의 불씨입니다. 신앙은 홀로 지키는 것이 아니라, 공동체 안에서 서로의 믿음을 북돋우며 지켜가는 것이기 때문입니다.

신부족주의가 보여주는 오늘의 흐름은, 사람들이 관계 없는 자유보다, 느슨하더라도 정서적으로 연결된 결속을 더 선호한다는 것입니다. 이 흐름은 교회가 다시 공동체로 서기 위한 중요한 통찰을 줍니다. 즉, 교회는 다시 모이기 위한 노력을 해야 합니다. 어떤 구조를 만들기보다, 사람들의 마음을 다시 하나로 모을 수 있는 중심을 살아 있게 해야 합니다. 영성이 살아 있어야, 관계도 살아납니다.

그리고 이 중심은 '모이게 하되 머물게도 합니다'. 마페졸리는 현대 사회에서 사람들의 유목적 삶이 반복되는 이유를, 공동체적 감각이 사라졌기 때문이라고 설명했습니다. 사람들은 모였다 흩어지고, 연결됐다 끊어집니다. 그런 반복 속에서도 끝까지 머무는 공동체는 결국 하나의 중심을 가진 곳입니다. 교회가 살아 있으려면, 중심이 살아 있어야 하고, 그 중심은 결국 영성의 회복, 다시 말해 하나님과의 관계 회복에서 시작됩니다.

오늘 교회가 다시 부족처럼 모이기를 꿈꾼다면, 우리는 물어야 합니다.

"지금 우리 교회의 중심은 살아 있는가?"

그리고 만약 그렇지 않다면, 우리는 모든 것을 다시 그 중심에서부터 회복해야 합니다.
구심점 없는 공동체는 모래성처럼 흩어지기 마련입니다.
그러나 예수 중심의 살아 있는 영성을 회복하는 교회는, 흩어진 이들을 다시 품고, 함께 살아가는 교회로 다시 일어설 수 있습니다.

2. 개인의 경건을 넘어서

현대 교회에서 '영성'이라 하면, 흔히 개인의 기도, 성경 읽기, 경건 생활을 떠올리기 쉽습니다. 물론 이런 개인적 경건은 신앙의 근간을 이루는 중요한 기초입니다. 문제는, 이러한 영성이 공동체 안에서 어떻게 작동하고 있는가입니다. 오늘날 많은 성도들이 영성을 개인의 성장과 만족의 차원으로만 이해하고, 공동체 안에서 함께 살아내는 훈련으로는 받아들이지 못하고 있다는 데 문제가 있습니다.

유진 피터슨Eugene Peterson은 미국 복음주의 교회가 추구해온 영성의 방향을 비판적으로 분석합니다. 그는 영성이 지나치게 개인화, 내면화, 심리화되면서, 결국 '성경적인 신앙'이 아닌 '자기 중심적 욕망의 종교'로 변질되고 있다고 지적합니다.28 영성은 더 이상 하나님을 따르기 위한 훈련이 아니라, 자기 마음을 평안하게 하고 삶의 문제를 해결하기 위한 '종교적 도구'로 소비되고 있는 것입니다.

이러한 개인주의적 영성은 소비주의 시대의 흐름과 맞물려, 공동체를 해체하는 요인이 되기도 합니다. 신앙은 철저히 나의 유익과 감정, 경험 중심으로 흘러가고, 공동체는 단지 내가 영적으로 채워지는 공간일 뿐, 함께 살아가는 자리로 여겨지지 않습니다. 영성 훈련도 공동체의 형성과 유지와는 별개로, 개인의 종교적 만족을 위한 루틴처럼 기능하게 됩니다. 그러면서 사람들은 점점 더 혼자서 신앙을 지키려 하고, 혼자 잘 믿으면 되는 신앙으로 방향을 틀게 됩니다.

하지만 성경이 말하는 영성은 철저히 공동체적인 성격을 지닙니다. 성령의 임재는 늘 공동체 안에서 드러났고, 말씀은 함께 읽고 나눌 때 생명을 불어넣었습니다. 초대교회는 기도와 떡을 떼며, 공동의 삶 안에서 하나님의 나라를 경험했습니다. 이 모든 영적 실천은 공동체를 중심으로 이루어졌습니다.

그런 의미에서 오늘 교회는, 다시 '공동체를 위한 영성'을 회복해야 합니다. 개인의 내면을 위한 영성에 머물지 않고, 공동체를 세우고 함께 살아가는 삶으로 확장되어야 합니다. 역사 속에서도 교회는 이러한 영성을 고민해왔습니다. 특히 사막 교부들의 삶은 중요한 단초를 줍니다. 그들의 영성은 단지 고독한 수도 생활이 아니었습니다. 오히려 공동체를 떠나 홀로 있음으로써, 더 깊은 사랑과 섬김의 본질을 발견했던 것입니다. 그들의 침묵과 금욕은 공동체 안의 허위와 위선을 직면하게 했고, 진정한 돌봄과 환대를 회복하는 근원이 되었습니다.

이런 점에서 사막 교부들의 삶은 오늘날 개인주의적 신앙을 향한 도전이 됩니다. 그들은 외로움을 피하기 위해 공동체에 속한 것이 아니라, 진정한 관계를 회복하기 위해 홀로의 시간을 견뎠던 이들입니다. 그리고 그 영성은 결국, 다시 공동체를 향한 사랑과 책임으로 연결되었습니다.

이제 우리에게 필요한 것은, 개인의 경건을 넘어서 공동체를 위한 영성으로 나아가는 일입니다. 하나님과의 관계가 깊어질수록, 우리는 혼자가 아니라 '함께' 있어야 함을 깨닫게 됩니다. 기도는 공동체를 위한 간구로 넓어지고, 말씀은 함께 듣고 살아내는 실천으로 자랍니다. 안식은 나만을 위한 휴식이 아니라, 공동체 전체의 리듬으로 확장됩니다. 영성은 혼자 깊어지는 것이 아니라, 함께 나눌수록 더 풍성해지는 하나님의 선물입니다.

마페졸리가 말한 신부족의 결속도, 결국 '혼자만의 믿음'이 아니라 '같이 느끼고 살아내는 감정과 실천'에 있습니다. 오늘날 신앙도 마찬가지입니다. 신앙의 깊이는, 공동체의 폭과 함께 자라납니다. 영성은 깊어질수록 '혼자만의 신앙'을 넘어서, 함께 살아가는 신앙으로 나아가게 되어 있습니다.

공동체는 그저 좋은 분위기나 친밀한 관계만으로 이루어지지 않습니다. 영성의 훈련이 삶이 되고, 그 삶이 다시 공동체를 세우는 구조로 작동될 때, 교회는 다시 살아나는 것입니다. 그러므로 우리는 더 이상 영성을 '내가 얼마나 기도했는가', '얼마나 성경을 읽었는가'의 문제로만 접근해서는 안 됩니다.

오히려 이렇게 물어야 합니다.

"내 영성은 누군가의 믿음을 세우고 있는가?"
"내 경건은 공동체를 살리고 있는가?"

혼자 잘 믿는 신앙은, 이 시대가 만들어낸 착시입니다.
공동체를 세우는 영성이, 오늘의 교회를 다시 숨 쉬게 만들 것입니다.

3. 영성은 문화가 된다

오늘날 교회는 '문화'의 힘을 절실히 느끼는 시대를 살고 있습니다. 어떤 프로그램보다도, 어떤 시스템보다도 더 강력한 영향력을 발휘하는 것이 바로 그 공동체가 형성하고 있는 문화의 결입니다. 공동체 안에 형성된 기류, 말의 방식, 정서의 흐름, 반복되는 실천, 암묵적인 규범. 그것이 곧 교회의 분위기를 만들고, 구성원들의 방향을 결정짓습니다. 영성도 예외는 아닙니다. 영성은 문화가 될 수 있습니다. 그리고 공동체의 중심에 있는 영성이 어떠한 결로 살아 있느냐에 따라, 그 교회가 어떤 삶을 만들어내는지가 달라집니다.

미셸 마페졸리Michel Maffesoli는 신부족주의 이론에서, 현대 사회의 결속 원리가 '계약'이나 '조직'이 아니라, 감정과 상징, 실천의 공유라고 말합니다.29 그가 말하는 신부족은 동일한 감정을 공명하고, 비슷한 언어와 제스처, 생활방식을 공유하면서 결속되는 사람들의 집단입니다. 이들은 '합리적 설득'보다 '공동의 리듬'에 더 민감하고, 함께 어울리는 삶의 방식을 통해 자신들의 소속감을 키워갑니다. 마페졸리는 이것을 '구심점'이라는 개념으로 설명합니다. 부족을 하나로 모이게 하는 중심, 감정적으로 경험되는 공동의 상징이 있어야, 그 공동체는 지속됩니다.

이 개념을 교회에 적용할 때, 마페졸리가 말하는 '구심점'은 결국 교회의 영성이라 할 수 있습니다. 교회가 사람들을 하나로 모이게 하는 중심은, 잘 짜인 제도나 논리적인 시스템이 아닙니다. 말씀이 중심이 되고, 기도가 흐르며, 침묵이 자리 잡고, 사랑이 실천되는 삶의 리듬. 그것이야말로 교회를 하나로 붙들고 있는 구심점입니다. 그리고 그 영성은, 단지 프로그램이 아니라 문화로 자리 잡을 때 비로소 그 진가를 드러냅니다.

이를 위해 오늘의 교회는 영성을 공동체의 문화로 심는 일에 집중해야 합니다. 누군가 기도를 많이 하는 것으로 그치는 것이 아니라, 공동체 전체가 기도하는 문화를 갖는 것. 말씀 묵상이 특정 리더의 전유물이 아니라, 모두가 함께 말씀을 중심에 두는 공기를 형성하는 것. 침묵이나 안식도 개인의 선택이 아니라, 교회 전체가 함께 쉬고 머무는 리듬이 되는 것. 이것이 바로 영성이 문화가 되는 공동체입니다.

이런 문화는 억지로 강요된 규칙으로 만들어지지 않습니다. 오히려, 자연스럽고 지속적으로 반복되는 실천 속에서 조금씩 형성됩니다. 예를 들어, 매주 예배 후 공동으로 드리는 침묵의 시간, 한 달에 한 번 공동체 전체가 멈추는 안식일 훈련, 매일 함께 읽고 나누는 성경 본문 등은 단지 실천이 아니라 공동체의 언어와 정서를 바꾸는 문화의 뿌리가 됩니다. 이 뿌리가 깊을수록, 공동체는 신앙의 본질을 더 깊이 품고 살아갈 수 있게 됩니다.

신앙은 감정이 아니라 결단이지만, 공동체는 감정 없이는 지속될 수 없습니다. 서로의 기쁨에 함께 웃고, 아픔에 함께 울 때, 공동체는 비로소 살아 움직입니다. 예수님과의 친밀함이 눈물이 되어 흘러나오고, 말씀 앞에서의 떨림이 기도의 언어가 되며, 이웃을 향한 사랑이 물질과 시간의 나눔으로 드러날 때, 그 감정은 단순한 감정이 아니라 신앙을 지탱하는 힘이 됩니다. 그렇게 모인 감정의 결은 공동체 안에서 영성이라는 문화를 형성해 갑니다.

이러한 영성은 프로그램 중심의 교회 구조를 자연스럽게 바꿔 갑니다. 중심이 살아 있고, 그 중심이 공동체 전체에 공유될 때, 교회는 굳이 외부의 동력 없이도 다시 모이고 다시 살아납니다. 그리고 그렇게 살아 있는 중심은, 늘 성령께서 이끄시는 방향과 일치하게 됩니다. 살아 있는 중심은 누군가가 가르쳐 만들어내는 것이 아니라, 공동체 안에서 하나님을 함께 경험하는 실천 속에서 자라납니다.

영성은 결국 문화를 형성합니다. 기도하는 교회는 말하지 않아도 기도가 흐르고, 말씀에 사는 공동체는 말하지 않아도 말씀이 중심에 있습니다. 함께 살아가는 영성은 결국, 함께 느끼고 따라 사는 문화로 바뀌어야 비로소 그 결속력을 갖게 됩니다. 마페졸리가 말한 감정과 상징의 공유는, 교회 안에서는 곧 성령 안에서 이루어지는 말씀, 기도, 침묵, 사랑의 공유로 나타나야 합니다.

그래서 질문은 단순합니다.

우리 공동체에 흐르고 있는 공기는 무엇입니까?

우리는 어떤 리듬과 어떤 상징을 중심으로 모이고 있습니까?

사람을 묶는 것은 조직이 아니라 삶의 방식입니다.

그리고 교회를 하나로 붙드는 것도 제도가 아니라, 영성의 문화입니다.

2장
회복은 중심에서 시작된다

1. 다시 '말씀' 앞에 서기

우리는 흔히 신앙의 회복을 개인의 열심이나 결단으로만 생각하곤 합니다. 하지만 성경은 언제나 공동체가 함께 하나님 앞에 서는 자리에서 진정한 회복이 시작되었음을 말해줍니다. 공동체의 회복은 말씀 앞에 다시 모이는 일에서 시작됩니다. 하나님은 늘 자신의 백성에게 말씀하셨고, 그 말씀은 공동체를 세우는 기초가 되었습니다. 성경을 읽는 일은 단지 지식을 얻는 공부가 아니라, 말씀의 세계에 함께 참여하는 신앙의 실천입니다.

그러나 오늘날 교회 안에서 말씀은 점점 개인화되고 소비되는 경향을 보입니다. '말씀을 듣는다'는 행위는 설교나 콘텐츠 소비로 대체되었고, 삶 속에서 함께 말씀을 나누는 자리는 점점 줄어들었습니다. 이 흐름은 교회의 공동체성을 약화시키고, 성도들이 고립된 개인으로 머무르게 만듭니다. 말씀은 들었지만, 함께 읽고 묵상하고, 삶을 나눈 경험은 점점 희미해졌습니다. 교회는 다시, 함께 말씀 앞에 서야 합니다. 그것이 회복의 시작입니다. 그렇다면 구체적으로 교회는 어떻게 말씀 앞에 함께 설 수 있을까요? 그 가장 실제적인 길이 바로 '공동 성경읽기'입니다.

공동 성경읽기는 오늘날 교회가 잃어버린 공동체성을 회복하기 위한 가장 실제적인 영성 훈련 중 하나입니다. 이 훈련은 단순한 개인 경건의 차원을 넘어, 공동체 전체가 말씀 안에서 하나로 엮여가는 신앙의 전통으로 자리해 왔습니다. 출애굽기 17장 14-16절은 이 전통의 기원을 보여주는 중요한 장면입니다. 아말렉과의 전투 후, 하나님은 모세에게 이 일을 기록으로 남기라고 명령하셨고, 모세는 여호수아에게 이 기록을 읽어주었습니다. 단순한 개인적 독서가 아니라, 하나님의 구속 역사를 공동체 안에서 기억하고 나누는 행위였습니다. 이처럼 성경 기록과 낭독은 하나님의 행하신 일을 기억하게 하고, 공동체의 정체성을 세워주는 중요한 행위였습니다.

초대교회 공동체도 이 전통을 그대로 이어갔습니다. 사도행전 2장 42절은 그들이 사도들의 가르침과 교제, 떡을 떼며 기도하는 삶을 살았다고 전합니다. 여기서 '가르침'은 단지 지식 전달이 아니라, 함께 말씀을 듣고 나누는 공동체적 실천이었습니다. 초대교회의 성경읽기는 유대교 전통에 뿌리를 두고 있었을 뿐 아니라, 고대 지중해 사회에 널리 퍼져 있던 공동 낭독 문화와도 연결되어 있었습니다.[30] 당시의 회당은 율법을 공동으로 읽고 해석하는 장소였고, 고대 문서문화 속에서도 공동 낭독은 보편적인 소통 방식이었습니다. 말씀은 언제나 함께 듣고, 함께 나누는 것이었습니다.

　이러한 전통은 초기 기독교 문헌에도 잘 나타납니다. 예컨대 클레멘스 2서에는 "형제자매들아, 내가 하나님의 진리를 따라 너희에게 한 권면을 읽어 주노니…"라는 문장이 나옵니다. 여기서 '읽어 준다'는 말은 공동체 앞에서 소리 내어 읽는 것을 의미합니다.31 이레나이우스는 초대교회의 문서를 인용하면서 "우리가 아래와 같이 읽는 그들의 글에서 제시하는 해석은…"이라고 말한 적이 있습니다. 이는 교회의 장로들이 성도들과 함께 말씀을 소리 내어 읽고, 해석하고, 나누었다는 증거입니다.32 말씀은 단지 들려지는 메시지가 아니라, 공동체가 함께 엮어가는 믿음의 실천이었습니다.

　그렇다면 이 전통은 왜 지금 우리에게 다시 회복되어야 할까요? 오늘날 교회는 분절된 삶, 파편화된 개인의 현실 속에서 깊은 공동체적 연대를 상실해가고 있습니다. 마페졸리는 현대 사회를 '신부족적'이라고 정의하며, 감정의 공유와 의례, 그리고 공통의 관심사를 통해 사람들은 다시 모이기 시작한다고 말했습니다. 이 이론에 비추어 보면, 공동 성경읽기는 매우 적절한 대안입니다. 하나님의 말씀은 단지 정보가 아니라, 사람들을 모이게 하는 '토템적 구심점'이 되며, 정기적인 모임은 그 자체로 의례가 되고, 말씀을 나누는 과정은 감정적 유대를 형성하는 공동체적 행위가 되기 때문입니다.

공동 성경읽기는 단순한 권면을 넘어서 실제적인 실천으로 이어져야 합니다. 이는 단지 프로그램의 하나로 진행되는 것이 아니라, 공동체가 함께 말씀 앞에 서는 삶의 중심으로 회복될 때 그 의미를 갖습니다. 이를 위해서는 구체적인 실행 방식이 필요합니다.

먼저, 공동 성경읽기의 기본 구조는 8명에서 12명 내외의 소그룹으로 구성되는 것이 좋습니다. 이 정도 규모는 한 사람 한 사람의 목소리가 묻히지 않으면서도 다양한 시선과 경험을 함께 나눌 수 있는 균형 잡힌 크기입니다. 모임은 주 1회 정기적으로 진행되며, 일상의 리듬 속에서 말씀과 함께 호흡하는 공동체의 중심으로 자리를 잡아가게 됩니다.

읽을 본문은 장 단위로 정하되, 한 번에 3장 내지 5장 정도를 함께 읽는 것이 적당합니다. 중요한 것은, 참석자들이 성경을 소리 내어 직접 읽는 것입니다. 단지 머릿속으로 스쳐 지나가는 정보가 아니라, 입으로 읽고 귀로 듣고 마음으로 새기는 영적인 독서로서의 성경읽기가 되어야 합니다. 이는 초대교회로부터 이어진 공동 낭독의 전통을 회복하는 길이기도 합니다.

최근 한국교회 안에서 주목받고 있는 PRS Public Reading of Scripture 운동은 이러한 흐름의 현대적 시도 중 하나입니다. 재미교포 빌 황 장로를 통해 시작된 이 운동은 G&M 재단을 통해 보급되었고, 드라마 바이블이라는 콘텐츠를 중심으로 성경읽기의 흥미와 몰입을 도왔습니다.33 유튜브와 같은 플랫폼을 활용하고, 카카오톡 등

SNS를 통해 본문을 나누는 방식은 디지털 시대의 새로운 형태로 주목받고 있습니다.

그러나 이러한 방식은 공동 '읽기'라기보다는 공동 '듣기'에 가깝다는 점에서 조심스럽게 점검할 필요가 있습니다. 드라마 바이블은 배경 음악과 성우의 연기로 구성되어 있어, 성경을 관람하는 감각에 더 가까운 경험을 줍니다. 물론 현대인들에게는 이런 접근이 문턱을 낮추는 데 유익할 수 있지만, 그 안에 담긴 위험도 분명히 존재합니다. 말씀을 보는 것이 아니라 소비하는 방식으로 흘러갈 수 있기 때문입니다.

성경에서 "읽다"로 번역된 헬라어 '아나그노시스$\mathit{ἀνάγνωσις}$'는 소리 내어 읽으며 말씀을 발음하고 음미하는 행위를 뜻합니다. 이는 단순히 의미 파악을 넘어서, 말씀이 나의 삶 안에 울려 퍼지도록 하는 영적인 훈련입니다. 마치 사랑하는 사람의 편지를 곱씹듯, 성경의 한마디 한마디를 천천히 읽고, 그 의미를 깊이 새기는 것이 본래의 '읽기'입니다.[34]

따라서 교회는 단순히 오디오 콘텐츠를 듣는 데 머무르지 않고, 본문을 함께 소리 내어 읽고, 그 말씀을 삶 속에서 되새기며 나누는 회복된 성경읽기로 나아가야 합니다. 예를 들어, 모임 시간에 한 사람이 본문을 천천히 소리 내어 읽고, 나머지 구성원들은 귀로 듣고 마음으로 받아들입니다. 그리고 그 말씀을 통해 각자가 느낀 바를 짧게 기록한 후, 서로 나누며 말씀을 통해 연결되는 자리를 만드는 것입니다.

이러한 실천은 고대 수도원 전통에서 비롯된 렉시오 디비나lectio divina의 방식과도 맞닿아 있습니다. '거룩한 독서'라는 의미의 이 전통은 말씀을 읽는 단계lectio, 깊이 묵상하는 단계meditatio, 기도하는 단계oratio, 그리고 하나님 앞에 머무는 관상의 단계contemplatio로 이어집니다.35 이 과정을 통해 말씀은 한 사람의 인격을 통과해 그 사람의 언어와 삶으로 다시 흘러가게 됩니다.

또한 이러한 말씀 나눔은 단순한 나눔을 넘어, 공동의 영적 경험을 만들어내는 자리가 됩니다. 말씀을 통해 하나님의 뜻을 듣고, 서로의 삶 안에 반향되는 울림을 확인하며, 공동체는 단단한 소속감을 회복해 나갑니다. 유동적인 시대 속에서 안정된 정체성과 영적 연대를 제공하는 귀한 장이 되는 것입니다. 그리고 이런 자리는 필연적으로 '경청'을 훈련하는 시간이 되며, 서로를 향한 '환대'의 실천이 됩니다.

물론 공동 성경읽기가 진정한 영적 훈련으로 자리 잡기 위해서는 몇 가지 주의할 점이 있습니다. 말씀을 묵상하고 나누는 과정이 개인적 감정에만 치우치지 않도록, 성경의 전체적인 문맥과 역사적 배경을 고려한 해석이 반드시 동반되어야 합니다. 그렇지 않으면, 하나님의 뜻을 들으려는 자리에서 오히려 자기 확신을 강화하는 자리가 되어버릴 위험이 있습니다.

이를 위해서는 목회자나 성경적 훈련을 받은 인도자가 모임을 세심하게 주관하는 것이 필요합니다. 인도자는 단순한 진행자가 아니라, 말씀 앞에 함께 서는 사람으로서 공동체의 신앙 흐름을 지켜보며, 필요한 해석과 분별을 도울 수 있어야 합니다. 만약 목회자의 직접적인 참여가 어려운 경우라면, 본문에 대한 신학적 통찰이 담긴 자료나 해설서를 함께 사용하는 것도 좋은 방법이 될 수 있습니다.

또한 이러한 모임이 지속적으로 건강하게 유지되기 위해서는 체계적인 리더십 구조가 중요합니다. 각 소그룹의 리더들은 월 1회 정기적인 교육을 통해 성경 해석 방법과 모임 진행 기술을 배우고, 목회자와의 사역점검 및 피드백 모임을 통해 그들의 역할을 점검받게 됩니다. 특히 이 교육에서는 단순히 지식을 전달하는 것이 아니라, 공동체를 세우고 관계를 회복하는 기술예를 들어 경청, 공감, 갈등 중재, 감정 조절 같은 역량을 함께 훈련하게 됩니다.

이와 더불어, 현대적 상황을 고려하여 디지털 환경을 적극적으로 활용하는 것도 매우 유익합니다. Zoom과 같은 화상회의 플랫폼을 통해 시공간의 제약 없이 말씀 나눔이 가능하며, 소회의실 기능은 오히려 대면 모임보다 더 세분화된 나눔을 가능케 하기도 합니다. 또한, SNS를 활용한 음성 나눔도 하나의 실천이 될 수 있습니다. 각자가 읽은 말씀 중 마음에 와닿는 한 구절을 음성으로 녹음해 단체 채팅방에 공유하고, 서로의 묵상과 반응을 나누는 것입니다. 이 방식은 바쁜 일상 가운데서도 말씀을 중심으로 한 유대감을 이어주는 좋은 도구가 될 수 있습니다.

그러나 이런 디지털 방식 역시 말씀의 본질을 놓치지 않는 선에서 활용되어야 합니다. 도구는 수단일 뿐이며, 말씀과 공동체라는 본질을 유지하는 것이 더욱 중요합니다. 때로는 기술의 편의성에만 의존할 경우, 진정한 '함께 있음'과 '공동의 체험'이 흐려질 수 있음을 유념해야 합니다.

더불어 공동 성경읽기를 꾸준히 실천하기 위해서는 정기적인 평가와 피드백의 과정이 필요합니다. 주간 단위로는 각 그룹의 참여도와 분위기를 확인하고, 월별로는 운영 방식과 진행의 흐름을 점검할 수 있는 피드백 시간을 마련합니다. 분기별로는 전체적인 방향성을 재조정하고, 참여자들의 의견을 수렴해 필요한 보완과 성장을 도모할 수 있어야 합니다. 이러한 구조는 프로그램의 안정성과 지속 가능성을 담보할 뿐만 아니라, 공동체 구성원들의 목소리가 실제적으로 반영되는 건강한 문화도 만들어갑니다.

결국, 이렇게 체계적으로 운영되는 공동 성경읽기는 단지 성경을 함께 읽는 자리를 넘어서, 신앙 공동체의 깊은 회복을 가능하게 합니다. 마페졸리가 말한 신부족주의의 핵심—자발적 결속, 의례적 반복, 감정적 유대—이 세 가지 요소가 공동 성경읽기 안에서 자연스럽게 살아나기 때문입니다. 말씀을 중심으로 사람들이 다시 모이고, 반복되는 모임 안에서 예배적 실천이 이루어지고, 삶을 나누는 가운데 감정적 연대가 형성됩니다.

그리하여 말씀은 더 이상 머릿속의 정보나 강단 위의 선포에 머물지 않고, 공동체 안에서 '살아 있는 말씀이 되어' 움직입니다. 이는 결국 파편화된 현대 사회 속에서 신앙 공동체가 다시 하나로 엮이는 길이며, 영혼과 삶을 함께 나누는 진짜 공동체로의 회복입니다. 그리고 그 공동체는, 마페졸리가 말한 '신부족주의'의 언어로 표현하자면, 감정과 믿음으로 연결된 새로운 '신앙의 부족'일지도 모릅니다.

2. 침묵, 하나님의 현존에 머무는 용기

말씀 앞에 함께 서는 일이 회복의 시작이라면, 그 말씀을 깊이 듣는 일은 침묵에서 시작됩니다. 우리는 흔히 하나님과의 관계를 '말하는 신앙'으로만 이해하기 쉽습니다. 기도하고 고백하고 찬양하는 일은 매우 중요하지만, 신앙은 본질적으로 하나님의 음성을 듣는 일이기도 합니다. 그리고 그 듣는 신앙은 언제나 침묵과 고요 속에서 자라납니다.

오늘날 교회는 많은 것을 말하고, 설명하고, 선포합니다. 그러나 너무 많은 말과 활동 속에서 오히려 하나님의 현존을 놓치고 있는 것은 아닌지 돌아보게 됩니다. 소비주의의 문화는 우리에게 끊임없이 움직이고, 무엇인가를 성취하라고 요구합니다. 교회마저 그런 흐름 속에서 신앙을 분주함으로 측정하는 자리에 머물곤 합니다.

하지만 하나님께서 우리에게 가장 깊이 말씀하시는 순간은, 언제나 침묵의 자리에 있을 때입니다. 말씀이 들리는 자리는 시끄러운 설명이 아니라, 고요히 기다리는 마음입니다. 교회가 다시 하나님의 임재 앞에 잠잠히 머무는 법을 배울 때, 그 안에서 공동체는 진정한 회복을 시작할 수 있습니다.

침묵은 교회의 역사 속에서 가장 깊은 자리에서 이어져 온 영성훈련입니다. 단지 말을 줄이는 훈련만이 아니라, 마음의 고요함을 찾고, 하나님의 음성을 기다리는 내적인 자세로서의 침묵입니다. 묵언, 묵상, 경청, 성찰, 그리고 인내. 이 모든 단어들은 침묵이라는 훈련 안에서 서로 엮입니다. 무엇보다 침묵은 고독이라는 또 다른 훈련을 온전히 이룰 수 있도록 돕는 영적인 길이기도 합니다.

성경은 곳곳에서 침묵을 권면합니다. "죽고 사는 것이 혀의 힘에 달렸으니, 혀를 잘 쓰는 사람은 그 열매를 먹는다" 잠언 18:21라는 말씀은, 우리가 말로 얼마나 많은 생사生死의 갈림길에 서는지를 보여줍니다. 또한 "오직 여호와는 그 성전에 계시니 온 땅은 그 앞에서 잠잠할지니라" 하박국 2:20, "주 여호와 앞에 잠잠할지어다" 스바냐 1:7 같은 말씀들 역시, 하나님 앞에 선 자들의 침묵을 명령합니다. 초대교회 역시 이 전통을 이어갔고, 사도행전 15장 12절에서도 모든 무리가 바울과 바나바의 말을 들으며 잠잠히 귀를 기울이는 장면이 나옵니다.

예수님께서도 말씀하셨습니다. "너는 기도할 때 골방에 들어가 문을 닫고 은밀한 중에 계신 네 아버지께 기도하라"마 6:6 그리고 말을 많이 해야 하나님께서 들으시는 것이 아니라고 하셨습니다. 마 6:7 침묵은 단순히 말의 절제가 아니라, 하나님의 임재 앞에 겸허히 서는 자세입니다.

시편 46편 10절에 나오는 "너희는 가만히 있어 내가 하나님 됨을 알지어다"라는 말씀 속에서 '가만히 있어'는 히브리어로 '라파רפה'인데, '손에 쥔 것을 내려놓다'라는 뜻입니다.36 즉, 침묵은 말하지 않는 것이 아니라, 붙들고 있던 것을 놓는 행위입니다. 속도를 늦추고, 마음을 내려놓을 때 우리는 우리가 중요하다고 여겼던 많은 것들이 사실 그렇게 절대적인 것이 아니었음을 깨닫게 됩니다. 침묵을 훈련한 영성의 선배들은, 내려놓음 속에서 오히려 더 많은 것을 얻게 된다고 말했습니다.

사막 교부들 가운데 나지안주스의 그레고리는 감독직에 있던 시절을 회고하며, 침묵의 기쁨을 잃어버린 것을 탄식했습니다.37 그는 자신이 하나님과의 깊은 연결에서 멀어졌음을 고백합니다. 침묵은 이렇게 단순한 외적인 고요함이 아니라, 하나님과 다시 연결되는 내적 평화를 향한 훈련입니다. 애즈버리 신학교의 멀 홀랜드는 "소유 중심의 소비 문화 속에서 침묵은 하나님과의 관계를 주도하려는 인간의 욕구를 내려놓게 한다"고 말합니다.38 침묵은 하나님을 '가지는 분'으로 만드는 신앙을 멈추게 하며, 오히려 하나님 앞에 비워져 있는 존재로 서도록 이끕니다.

사막 교부들의 침묵 훈련은 그 본질을 더욱 분명히 보여줍니다. 그들은 단지 말을 줄이는 것이 아니라, 내면 깊은 곳의 침묵을 추구했습니다. 누군가에게 받은 부당함을 내려놓고, 교만함을 멀리하며, 하나님의 임재 앞에서 자기 자신을 정화하고 다듬는 삶. 침묵은 그들에게 '내적 질서'를 회복하는 훈련이었습니다. 그 결과, 그들은 어떤 외부의 흔들림에도 흔들리지 않는 평화를 가졌습니다. 사막 교부들은 이 내적 평화의 자리를 고독의 수실Cell이라고 불렀습니다. 이 표현은, 마음 안에 하나님과 단둘이 있는 방을 짓는 것을 의미합니다.39

침묵은 단지 하나님께 말하지 않는 시간이 아니라, 하나님께 귀 기울이는 시간입니다. 자신이 하나님이 되려는 욕망을 내려놓고, 진정한 주권자가 누구인지를 고백하는 시간입니다. 그러므로 침묵은 결국 '하나님 됨을 아는 자리'로 우리를 인도합니다.

오늘날 교회는 그 어느 때보다 분주합니다. 계획이 넘쳐나고, 프로그램이 가득합니다. 바쁨은 신앙의 열심으로 오해되기도 합니다. 그러나 때로는 하나님께 헌신한다고 하면서도, 실제로는 하나님을 내 삶에 맞게 조정하려는 욕망이 숨어 있기도 합니다. 침묵은 이런 욕망을 직면하게 합니다. 분주한 행위보다 하나님 앞에 멈춰 서는 일이 얼마나 본질적인지를 깨닫게 합니다.

소비주의 시대는 효율과 성과를 신앙의 기준으로 삼도록 유혹

합니다. 그러나 침묵은 그 기준에 조용히 저항합니다. 침묵은 영혼의 속도를 늦추고, 하나님의 신비에 귀 기울이게 합니다. 그렇게 교회는 다시 영적 중심을 회복하게 됩니다.

마페졸리의 신부족주의 이론은 감정적 유대, 자발적 결속, 정기적 의례를 공동체의 핵심으로 봅니다. 침묵은 바로 그 공동체를 형성하는 내적 동력을 제공합니다. 침묵은 감정을 가다듬게 하고, 자기 욕망을 내려놓게 하며, 함께 하나님 앞에 선다는 영적 연대를 가능하게 합니다. 공동체는 감정적으로 연결되기 전에, 영적으로 정돈되어야 진실한 연대가 가능합니다.

교회는 이 침묵의 가치를 실제로 실천해내야 합니다. 예배나 소그룹 모임에서 짧은 침묵의 시간을 마련하는 것도 좋은 시작이 될 수 있습니다. 회중이 함께 조용히 머물며 하나님 앞에 있는 시간은, 말씀과 찬양 못지않은 은혜의 시간이 됩니다. 또, 침묵과 묵상을 중심으로 한 영성 훈련 프로그램을 운영하거나, 정기적인 침묵 수련회를 열어 보는 것도 의미 있는 시도가 될 것입니다. 단순하지만 진지한 이 실천은 교회 공동체가 세속의 시끄러운 목소리에서 벗어나, 하나님의 음성에 다시 귀 기울이게 하는 자리가 될 것입니다.

침묵은 공동체 안에서의 영적 질서를 회복하게 합니다. 말이 적어질수록, 들리는 것이 많아지고, 하나님 앞에 더 가까이 나아갈 수 있게 됩니다. 교회는 이 침묵을 통해 다시 하나님을 경외하는 법을 배우고, 세상의 방식이 아닌 하나님 나라의 질서 안에서 자신을 세워갈 수 있을 것입니다.

3. 고독 – 세상에서 물러나 다시 연결되다

하나님 앞에 머문다는 것은 단지 무엇인가를 '하는 것'만으로 이루어지지 않습니다. 말씀을 읽고, 기도하고, 예배하고, 섬기는 모든 행위도 중요하지만, 때로는 아무것도 하지 않는 '자세'가 우리를 더 깊은 곳으로 이끌기도 합니다. 침묵이 하나님께 귀 기울이는 마음의 문을 연다면, 고독은 그 문 안으로 천천히 걸어 들어가는 영적 걸음입니다.

고독은 신앙의 여정 속에서 결코 외면할 수 없는 통로입니다. 분주함이 삶의 기본값이 된 시대 속에서, 고독은 우리를 다시 하나님께로 이끄는 깊은 통로가 됩니다. 이것은 단순히 홀로 있는 시간이 아니라, 하나님과 대면하는 시간이며, 자신의 내면을 마주하고 다시 정돈하는 거룩한 자리입니다.

이제, 우리는 그 고독 속으로 한 걸음 더 들어가 보려 합니다.

라이프 커버넌트 교회의 설립자이자 풀러 신학교에서 교회 개척을 가르치는 팀 모레이Tim Morey는 초기 수도원 운동에서 영성 형성을 위한 훈련의 아이디어를 얻습니다. 그는 이를 현대 교회에 적용하며, 영성 훈련을 위한 삶의 규칙을 설정할 것을 제안하고 있습니다. 특히 매일 아침 약 20분간 고독의 시간을 가지며 하나님의 임재를 깊이 경험할 것을 권장하고, 한 달에 한 번 24시간 동안의 고독 시간을 통해 세상과 단절된 깊은 묵상의 시간을 가질 것을 강조합니다.40

그가 고독을 중요하게 여기는 이유는, 고독이 초기 사막 교부들에게 있어 대표적인 영성의 길이었기 때문입니다. 기독교가 로마 황제의 공인을 받은 이후, 교회의 모임은 점차 신앙적 순수성을 잃고, 로마 제국의 다른 종교들과 유사한 사교적 성격을 띠게 됩니다. 이에 사막의 교부들은 그리스도의 제자됨을 온전히 실천하고자 세속적 영향에서 벗어나 사막으로 물러났고, 고독 속에서 하나님을 대면하며 깊은 영적 훈련과 묵상의 삶을 이어갔습니다.41

흔히 고독을 외로움loneliness과 같은 것으로 생각하곤 하지만, 고독은 단순히 혼자 있는 상태나 현실로부터의 도피가 아닙니다. 라틴어 solus혼자 있는 상태에서 유래된 고독은 자신을 돌아보고 세속적 분주함에서 벗어나 하나님의 임재 안에 거하는 상태를 의미합니다. 그래서 고독은 현실을 회피하는 방식이 아니라, 오히려 삶의 본질을 분별하고 이웃을 향한 헌신의 마음으로 나아가기 위한 시간입니다.

사막의 교부 둘라스는 "너무 많은 것에 애착을 두지 말라"고 말했습니다.42 강박과 조바심에서 벗어나지 않으면, 결국 내면의 평화, 곧 영성을 잃어버릴 수밖에 없다는 의미입니다. 고독은 단순한 자기성찰을 넘어서, 하나님을 삶의 중심으로 다시 모시는 훈련입니다. 사막 교부들에게 고독은 세속적 갈망을 내려놓고 하나님의 주권을 삶 안에 다시 세우는 중요한 영적 훈련이었습니다.

이 고독의 시간은 하나님이 삶의 주권자이심을 인정하는 데서 비로소 완성됩니다. 내면의 갈등과 두려움, 조바심을 내려놓고 하나님께 의지하는 순간, 우리는 비로소 영적인 삶의 출발선에 서게 됩니다. 고독 속에서 사막 교부들은 하나님과 인격적으로 대면했고, 그 안에서 자신이 누구인지, 하나님 앞에서의 정체성을 다시 발견해 나갔습니다. 헨리 나우웬은 예수님께서 고독의 시간을 가지실 때마다, 자신의 뜻이 아니라 하나님의 뜻을 따를 용기를 얻으셨다고 말합니다.[43] 고독은 바로 그런 자리입니다. 하나님의 일을 감당할 수 있는 힘을 회복하는 자리입니다.

하지만 오늘의 소비주의 사회는 이 고독의 가치를 정면으로 거스릅니다. 소비주의는 무엇보다 '속도'를 덕목으로 삼으며, 짧은 시간 안에 최대의 결과를 만들어내야 한다는 강박을 심어줍니다. 수많은 선택지를 쏟아내는 경쟁 속에서, 사람들은 점점 더 빠르게 움직이고, 더 효율적으로 살아야 한다는 압박을 느낍니다.

이를 가장 단적으로 보여주는 예는 광고의 변화입니다. 과거 30초 분량이던 광고가 이제는 6초 안에 모든 메시지를 전달하려 합니다.[44] 사람들의 집중력은 짧아졌고, 느림은 비효율의 다른 이름이 되었습니다. 이처럼 소비주의는 분주함을 미덕으로, 고요함을 무능으로 여기는 구조를 만들어냈습니다.

이러한 시대에 고독은 우리가 잃어버린 본질을 회복하게 하는 중요한 통로가 됩니다. 고독은 우리를 사람들 사이의 민감함에서, 내면을 향한 민감함으로 이끕니다. 나태함과 고독은 종종 혼동되지만, 둘은 본질적으로 다릅니다. 헬라어 아케디아 $ἀκηδία$로 표현되는 나태는 단순한 게으름이 아니라, 현재 내가 집중해야 할 것에 마음을 쏟지 못하고 방황하는 상태를 의미합니다.[45] 소비주의는 우리로 하여금 그런 상태로 살아가도록 만듭니다. 고독은 그 반대의 힘을 가집니다. 정신없이 달려가는 우리의 삶을 멈추게 하고, 삶의 깊이와 중심을 회복하게 합니다.

고독은 하나님과 나 자신을 새롭게 연결하는 영적 훈련입니다. 정신없이 달려가던 발걸음을 멈추고, 내 안에 들끓는 생각들을 바라보며, 하나님의 음성을 듣는 자리입니다. 이 시간 속에서 우리는 하나님의 임재를 실제로 경험하고, 나의 욕망과 습관들을 성찰하며, 새롭게 하나님께 내 삶의 중심을 드릴 수 있습니다.

사막 교부들은 이러한 고독을 위해 '수실'Cell이라는 공간으로 들어갔습니다. 수실은 단순히 방이 아니라, 내면의 요새를 허물고 하나님과 마주하는 자리였습니다.[46] 그곳에서 교부들은 자기 방어를 내려놓고, 내면의 혼란과 마주하며, 하나님의 임재 앞에 머물렀습니다. 고독은 바로 그 수실을 오늘 우리 안에 다시 세우는 일입니다.

헨리 나우웬은 고독이 인간의 질문과 관심사를 성숙하게 만들

수 있는 공간이라고 말합니다.47 또 교부 포이멘은 "공기가 폐로 들어오는 것을 막을 수 없듯, 악한 생각이 오는 것을 막을 수는 없다"고 하며, 고독은 이러한 생각들에 맞서 싸우는 영적 자리라고 했습니다.48 고독은 외부 세계와의 단절이 아니라, 내면을 정화하고 하나님의 중심으로 돌아가는 깊은 훈련입니다.

이러한 고독의 실천은 의외로 작은 습관에서 시작할 수 있습니다. 하루 20분, 정기적으로 세상의 소음을 내려놓고 하나님과 함께하는 시간을 갖는 것입니다. 팀 모레이가 제안한 이 실천은 단순하면서도 실제적입니다. 조용한 공간에서 밀려오는 생각들을 하나하나 내려놓고, 그 안에 남겨진 하나님의 임재를 경험하는 것. 나아가 한 달에 하루는 온전히 하나님 앞에 자신을 내어드리는 묵상의 시간을 갖는 것도 좋은 실천입니다.

이러한 고독의 시간은 개인의 신앙 회복뿐 아니라, 공동체의 영적 재건에도 깊은 기초가 됩니다. 고독은 공동체 안에서의 헌신과 사랑을 가능하게 하며, 분주함이 지배하는 시대 속에서 교회를 영적으로 견고하게 세워주는 기둥이 됩니다.

또한 고독은 신부족주의적 공동체의 기반을 형성하는 데도 중요한 역할을 합니다. 마페졸리가 말한 감정적 유대와 자발적 결속은 내면의 성찰과 균형 없이는 오래 지속될 수 없습니다. 고독은 바로 그 내면의 균형을 만들어주는 훈련이며, 공동체가 피상적 연결을 넘어서, 신앙적 연대와 초월적 가치를 함께 추구하도록 도와

주는 자양분이 됩니다.

결론적으로 고독은 단순히 혼자 있는 시간이 아닙니다. 하나님과 연결되고, 나 자신을 돌아보며, 이웃과의 관계 속에서 복음을 살아내는 훈련입니다. 교회는 이 고독의 가치를 회복함으로써, 소비주의 시대의 속도와 효율이라는 강박에서 벗어나, 하나님 나라의 리듬을 따라 살아가는 공동체로 다시 세워질 수 있을 것입니다.

4. 침묵과 고독으로 살아내기

이제 우리는, 침묵과 고독이 교회 공동체 안에서 어떻게 실천될 수 있을지를 실제적으로 살펴보려 합니다

침묵과 고독은 단순한 영적 개념이 아닙니다. 그것은 실천되어야 할 구체적 훈련이며, 우리가 하나님 앞에 다시 서기 위한 실제적인 경로입니다. 이 훈련은 바쁜 일상 속에서도 일관되게 지속될 수 있어야 하며, 교회는 이를 위해 실천 가능한 구조와 환경을 마련해 줄 필요가 있습니다.

첫째, 일일 훈련은 매일 아침 20분간 진행됩니다. 이 시간은 호흡을 정리하며 마음을 가다듬는 것으로 시작하고, 이어서 성경 한 구절을 깊이 묵상합니다. 그런 다음 완전한 침묵 속에서 하나님의 임재를 의식하며 머무는 시간을 가집니다. 마지막으로는 그날의 묵상과 깨달음을 기도 일지에 기록하며 마무리합니다. 이때의 기

록은 정형화된 형식에 얽매이지 않아도 됩니다. 짧은 문장이나 키워드, 그림이나 도표 등 자신만의 방식으로 표현하면 됩니다. 중요한 것은, 침묵과 고독의 시간 속에서 하나님과 만난 내면의 진실을 진솔하게 담아내는 것입니다. 이러한 기록은 훗날 자신의 영적 여정을 되돌아보는 중요한 자료가 되며, 소그룹 나눔이나 멘토링에서도 귀중한 토대가 됩니다.

둘째, 월간 심화 훈련은 매월 마지막 토요일에 하루 동안 진행됩니다. 오전에는 개인 침묵 시간을 통해 성경을 묵상하고, 영적 독서를 하며 자신을 성찰하는 시간을 갖습니다. 오후에는 소그룹으로 모여 그 시간 동안 경험한 하나님과의 만남을 나누고 서로를 격려합니다. 하루의 마지막은 말씀과 기도로 마무리되는 공동체 예배로 이어지며, 이러한 하루의 훈련은 개인의 영적 성숙뿐 아니라 공동체적 연대를 강화하는 깊은 경험이 됩니다.

이 훈련이 실제로 실행되기 위해서는 몇 가지 중요한 준비가 필요합니다. 우선 교회는 개인과 소그룹이 사용할 수 있는 적절한 기도실이나 묵상 공간을 마련해야 합니다. 이 공간은 외부의 소음을 차단할 수 있어야 하며, 성경과 영성 도서, 기도문 등이 구비되어야 합니다. 또한 이러한 훈련이 지속되기 위해서는 경험 있는 멘토의 역할이 매우 중요합니다. 멘토는 훈련 참여자들을 정기적으로 점검하고 조언하며, 훈련의 방향과 깊이를 함께 나누는 동반자로서 기능해야 합니다.

처음부터 무리하게 긴 시간을 시도하기보다는, 짧은 시간부터 시작하여 점차 시간을 늘려가는 방식이 좋습니다. 이러한 점진적인 접근은 훈련에 대한 부담을 줄이고, 참여자의 일상 속에서 자연스럽게 정착되도록 돕습니다.

현실적인 과제도 있습니다. 무엇보다 정기적인 시간을 확보하는 것이 쉽지 않습니다. 이를 해결하기 위해 교회는 다양한 시간대를 제시하며, 개인 상황에 맞는 참여를 유도해야 합니다. 또한 지속적으로 훈련을 이어갈 수 있도록 도와주는 시스템도 필요합니다. 초기의 열정이 식어가는 시점에서 훈련을 포기하지 않도록 돕기 위해, 소그룹 지원체계와 격려 시스템을 병행할 수 있습니다. 이를 위한 한 가지 방안으로는 Zoom을 활용한 온라인 점검 모임이 있습니다. 매주 화요일 저녁과 같이 정해진 시간에 훈련 참가자들이 모여 간단한 나눔과 격려를 나누고, 멘토의 조언을 받는 것입니다. 또한, 교회 앱이나 카카오톡 등 SNS를 활용해 매일 묵상 자료나 격려 메시지를 전송하는 것도 도움이 됩니다.

이러한 훈련은 단지 개인의 경건을 위한 것이 아니라, 마페졸리가 말한 '신부족주의적 공동체'의 형성과 지속 가능성을 위한 영적 기초를 마련하는 길입니다. 개인의 침묵과 고독이 공동체 안에서 나눠질 때, 감정적 유대를 넘어선 영적 연대가 형성됩니다. 특히 월간 훈련 속에서의 나눔은 단순한 체험의 공유를 넘어서, 공동체가 함께 자라나는 살아 있는 연결을 만들어냅니다.

나아가 이러한 훈련은 소비주의 시대의 교회가 잃어버린 공동체성을 회복하는 데에도 실제적인 대안이 됩니다. 침묵과 고독은 하나님 앞에서 인간의 한계를 인정하는 훈련이며, 과잉된 활동성과 성과 중심의 문화에서 벗어나 하나님의 임재를 다시 중심에 모시는 여정이기도 합니다. 고요함 속에서 우리는 하나님께서 말씀하시는 분이심을 다시 배우게 됩니다.

이 훈련의 지속적 실천을 위해서는 평가와 피드백도 중요합니다. 참여자들은 매주 훈련 일지를 기록하고, 월간 훈련 후에는 개인 성찰문을 작성합니다. 멘토는 이를 바탕으로 성도의 영적 흐름을 살피고 필요할 때마다 조언을 제공합니다. 또한 분기마다 전체 프로그램을 점검하고 조정해 가는 평가 회의를 통해 훈련이 교회 안에 깊이 뿌리내릴 수 있도록 해야 합니다.

침묵과 고독의 훈련은 단지 개인의 경건 생활을 위한 것이 아닙니다. 그것은 교회 전체가 다시 하나님의 임재 안에서 살아가도록 만드는 공동체적 훈련이며, 더불어 살아가는 이 시대에 신앙의 본질을 되찾게 하는 거룩한 실천입니다. 교회가 이 훈련을 진심으로 품고 실천할 때, 소비주의 사회 속에서도 흔들리지 않는 중심을 가진 공동체로 다시 살아날 수 있을 것입니다.

3장
함께 숨 쉬는 공동체

1. 환대, 경계 없는 초대

세상은 점점 더 빠르게 단절되고 있습니다. 사람들은 연결된 듯 보이지만, 실제로는 서로를 이해하지 못한 채 스쳐 지나갑니다. 공동체는 존재하지만, 따뜻한 환대는 점점 사라지고 있습니다. 교회도 예외는 아닙니다. 익숙한 이들끼리만 나누는 말, 낯선 이를 머뭇거리게 하는 분위기, 조심스러운 시선들 속에서 우리는 질문하게 됩니다.

"이곳은 정말 모두를 품을 수 있는 공동체인가?"

이제 교회는 '환대'라는 오래된 단어를 다시 불러와야 합니다. 그것은 단순히 문을 여는 일이 아니라, 마음을 여는 일이며, 타인을 하나님 앞에서 한 사람으로 맞이하는 거룩한 실천입니다.

환대는 단지 따뜻한 태도나 인간적인 미덕이 아닙니다. 성경 전체에 흐르는 깊은 영적 가르침입니다. 창세기에서 아브라함은 세 나그네를 기꺼이 맞아들이며, 그들을 통해 하나님의 약속을 다시 듣습니다.창 18:1-15 부활하신 예수께서 엠마오로 가는 제자들과 동행하시며 떡을 떼실 때, 제자들의 눈이 열려 주님을 알아보게 된 장면도 환대의 신비를 보여줍니다.눅 24:13-35

영성은 결국 타인을 향해 나아가는 사랑과 섬김으로 드러나야 합니다. 예수께서는 하나님 사랑과 이웃 사랑이 모든 율법의 중심이라고 말씀하셨고마 22:34-40; 막 12:28-34; 눅 10:25-28, 바울은 우리에게 사랑으로 서로 종노릇하라고 권면했습니다.갈 5:13 만일 우리의 영성 훈련이 타인과의 관계로 흘러가지 않는다면, 그것은 자칫 자기만을 위한 경건에 머물고 말 것입니다. 때로는 영성이라는 이름 아래 신앙이 폐쇄적인 엘리트주의로 흐르기도 합니다. 그러나 성경이 말하는 진정한 영성은, 언제나 타인을 향한 열린 마음과 손길로 이어지는 환대의 영성입니다.

환대는 사막 교부들이 보여준 핵심적인 영성 훈련 중 하나였습니다. 대표적인 사막 교부 안토니우스는 "이웃 없이는 구원에 이를 수 없다"고 말했는데, 이 고백은 단지 이상적인 문장이 아니라, 그의 삶 전체를 통해 구현된 진리였습니다.49 그는 여러 교부들과 대화를 나누며 영적 스승이 되었고, 고독한 삶 속에서도 공동체적 영성을 실천했습니다. 젊은 교부들이 원로 교부를 찾아가 위로와 조언을 구했으며, 때로는 원로가 젊은 이를 먼저 찾아가기도 했습니다. 이 만남들은 단순한 방문이 아니라, 사랑으로 이웃을 품고 섬기는 삶의 방식이었습니다.

사막의 교부들을 찾아온 이들은 주교나 사제만이 아니었습니다. 나그네, 이단자, 심지어 도둑과 같은 이들도 그들을 찾았습니다.50 그러나 교부들은 자신들에게 위협이 될 수 있는 이들에게조차도 온 마음으로 맞이했고, 자신의 것을 내어주며 진심으로 환대했습니다.51 오랜 금식을 하던 중에 한 형제가 방문했을 때, 교부는 그와 함께 식사를 하며 교제를 나누었습니다. 베네딕트는 수도원을 찾는 손님을 "그리스도를 대하듯" 대하라고 했고, 이는 예수님의 말씀, "내가 낯선 자였을 때 너희가 나를 영접했다"마 25:35는 가르침과 그대로 맞닿아 있습니다.52

이러한 사막 교부들의 환대 전통은 오늘날 교회가 회복해야 할 중요한 공동체 훈련입니다. 현대 교회에서 이 전통을 따르기 위해서는 먼저 내면의 환대가 회복되어야 합니다. 이는 단순히 외부인을 맞이하는 행위가 아니라, 나의 내면을 열어 타인을 받아들이는 훈련입니다. 내면적 환대는 자신의 선입견과 편견을 인식하고, 타인을 대하는 태도를 성찰하며, 경청을 방해하는 요소들을 발견하는 것에서 시작됩니다.

이를 위해 교회는 주 1회 90분가량의 자기 성찰 시간을 마련할 수 있습니다. 이 시간은 자신의 마음을 깊이 들여다보는 시간입니다. 왜 어떤 말에 즉각 반응하거나 방어적으로 대처하게 되는지,

왜 판단하려는 마음이 먼저 드는지를 구체적으로 살펴보는 훈련이 필요합니다. 침묵 속에서 타인의 말을 경청하며, 자신의 해석을 내려놓고 있는 그대로 듣는 연습도 포함됩니다. 이 훈련을 위해 매주 정해진 시간에 내면을 비우는 시간을 갖고, 타인의 말을 들을 때 어떤 판단이나 조언도 하지 않는 연습을 반복적으로 시행합니다.

이러한 내면의 훈련은 공동체적 환대로 이어집니다. 예를 들어, 월 2회 진행되는 세대 간 대화 모임에서는 서로 다른 세대의 생각과 관점을 판단 없이 경청하고 이해하는 시간을 가집니다. 젊은 세대는 자신들의 현실적인 고민과 도전을, 기성세대는 경험과 지혜를 나눕니다. 이 시간의 핵심은 서로의 이야기를 듣는 것입니다. 조언을 하거나 해결책을 제시하는 것이 목적이 아니라, 각 세대의 아픔과 질문을 진심으로 이해하려는 자리입니다. 이러한 대화는 세대 간의 차이를 인정하고, 서로의 연약함을 고백하며 함께 기도할 수 있는 기회를 제공합니다.

또한, 월 1회 정기적으로 열리는 간증 모임에서는 각자의 삶과 영적 여정을 나눌 수 있습니다. 이 시간에는 누군가가 자신의 신앙 여정에서 경험한 하나님의 은혜와 인도하심을 고백하고, 다른 이들은 그 고백을 경청합니다. 자신의 연약함과 실패까지도 편안하게 나눌 수 있는 환경이 마련되어야 하며, 이는 공동체 구성원들이 서로를 더욱 깊이 이해하고 지지하는 계기가 됩니다. 이 나눔은 단순한 이야기 교환이 아니라, 서로의 여정에 함께 참여하는 신앙적 동행이 됩니다.

환대의 실천을 위해서는 물리적인 환경의 조성도 중요합니다. 딱딱한 사무실이나 형식적인 공간이 아니라, 따뜻하고 아늑한 공간이 필요합니다. 부드러운 조명, 편안한 소파, 조용한 음악이 흐르는 공간에서 누구나 자유롭게 들어와 음료와 간식을 나누며 대화할 수 있도록 합니다. 2~3명이 조용히 이야기할 수 있는 공간과 소그룹이 함께 모일 수 있는 넓은 공간을 함께 마련하여, 필요에 따라 다양하게 활용할 수 있게 구성합니다. 이 공간은 가능하면 24시간 개방되어야 하며, 정해진 상담 시간이나 프로그램 없이 자연스럽게 머물 수 있는 곳이 되어야 합니다.

이 공간에서는 어떤 교육이나 지침도 강요되어서는 안 됩니다. 단지 경청과 이해만이 이루어지는 자리여야 하며, 교역자나 상담자는 조언자가 아닌 경청자의 역할에 충실해야 합니다. 누구든 자신의 이야기를 마음 편히 털어놓을 수 있도록 안전하고 자유로운 분위기를 조성해야 합니다. 포스트모던 시대에는 각자의 해석을 절대화하는 경향이 강한데, 이러한 공간은 비판 없는 수용과 이해를 통해 적대감에서 환대로 전환되는 출발점이 될 수 있습니다.

이러한 환대의 훈련은 경청과 비움의 영성을 바탕으로 합니다. 경청은 단순히 상대의 말을 듣는 것이 아니라, 내 안의 선입견과 판단을 내려놓고 온전히 타인의 존재에 귀를 기울이는 영적 자세입니다. 비움의 영성은 자기 부정이 아니라, 타인을 위한 내면의 공간을 비워내는 적극적인 실천입니다. 이는 단순한 친교를 넘어, 진정한 관계를 형성하기 위한 깊은 영적 태도이며, 타인을 나의 삶과 공간으로 초대하는 거룩한 행위입니다.

헨리 나우웬은 환대를 "손님을 묶어두지 않으면서 우애를 베풀고, 혼자 두지 않으면서도 자유를 주는 것"이라 말했습니다.53 환대는 결국 나를 타인에게 내어주는 일이며, 그 만남 속에서 서로의 감정과 연약함을 발견하고 함께 성장해 가는 과정입니다.

무엇보다 이러한 환대는 소비주의 시대에 약화된 교회의 공동체성을 회복하는 중요한 훈련입니다. 마페졸리가 말한 신부족주의의 핵심, 즉 감정적 유대와 자발적 결속은 환대의 실천을 통해 영적 차원에서 구현될 수 있습니다. 구성원들은 단순히 프로그램이나 의무감으로 모이지 않고, 진심 어린 이해와 수용을 바탕으로 자발적인 공동체를 형성하게 됩니다. 이것이야말로 오늘날 교회가 다시 살아나는 길이며, 진정한 공동체의 회복이 시작되는 지점입니다.

2. 몸으로 연결되는 믿음, 공동체의 '운동'

오늘날 교회는 몸을 어떻게 바라보고 있을까요? 우리는 종종 신앙을 영혼의 문제로만 축소시키고, 몸은 그저 부차적이거나 육적인 것으로 여길 때가 많습니다. 하지만 성경은 인간을 영과 육으로 구분하지 않고, 하나의 유기적인 존재로 바라봅니다. 하나님께서 우리의 몸을 성령이 거하시는 전이라 하셨고, 그 몸으로 하나님께 영광을 돌리라 명하신 것도 이 때문입니다.

몸을 통해 하나님을 예배하고, 몸으로 이웃을 섬기며, 몸으로 공동체를 함께 살아가는 것. 이것이 바로 신앙의 구체적인 형태입니다. 몸을 돌보는 일은 단지 건강을 위한 자기관리 차원을 넘어, 하나님 앞에 나 자신을 온전히 드리는 영적 훈련이 될 수 있습니다. 이 절에서는 바로 그런 '몸의 회복'이 공동체 안에서 어떻게 이루어질 수 있는지를 함께 나누어 보려 합니다.

신약 성경에서 바울은 '몸'에 대해 깊은 존중을 가지고 말합니다. 그는 하나님께서 여인들의 몸과 영을 모두 거룩하게 하시려 한다고 전하며 고전 7:34, "너희 몸으로 하나님께 영광을 돌리라"고 권면합니다. 고전 6:20 바울은 몸을 성령의 전이라 부르며 고전 6:19, 단지 영혼만이 아니라 신체 자체도 하나님 앞에서 귀한 존재임을 강조합니다. 인간은 영과 육 어느 한 편으로만 설명될 수 없는 존재이며, 신앙의 삶 또한 영혼만이 아니라 몸을 포함한 전인적 실천으로 이어져야 합니다.54

케네스 쿠퍼 박사는 "건강하고 강인한 몸이 활기찬 영혼이 살기에 가장 적합한 집"이라 말하며, 몸과 영의 통합을 강조했습니다.55 팀 모레이 역시 건강한 영성을 위하여 일주일에 4 - 5회의 규칙적인 운동을 권면합니다.56 결국, 신체적 건강과 영적 성장은 별개가 아니라 함께 자라야 할 믿음의 두 날개와도 같습니다. 그리고 이것은 개인을 넘어서, 교회 공동체가 함께 실천할 때 더욱 풍성하게 열매 맺을 수 있습니다.

마페졸리의 신부족주의 이론은 이처럼 전인적인 접근이 교회 공동체 안에서 어떻게 구체적으로 실현될 수 있는지를 보여줍니다. 단순한 운동 모임처럼 보이지만, 신체 활동을 함께 나누는 경험은 자발적 결속과 감정적 유대라는 신부족주의의 핵심을 담아낼 수 있습니다. 이를 바탕으로 지역 교회에서 실현 가능한 운동 훈련의 실제적 틀을 제안해 보려 합니다.

먼저 소그룹은 8명에서 12명 규모로 구성합니다. 이는 마페졸리가 말한 감정적 유대가 자연스럽게 형성되기 좋은 수입니다. 모임은 주 1회 또는 2회, 평일 저녁이나 토요일 아침 등 일상의 리듬 안에서 참여하기 쉬운 시간에 진행합니다.예: 화요일 저녁 7시 - 8시 30분, 토요일 오전 7시 - 8시 30분 등

훈련은 단계적으로 진행됩니다. 처음에는 가벼운 걷기와 스트레칭으로 시작하여 점차 난이도를 높여가되, 무리 없이 몸과 마음이 함께 열릴 수 있도록 돕습니다. 특히 매 모임의 시작과 마무리에 15분가량의 묵상과 나눔 시간을 포함하여, 단지 몸을 위한 시간이 아니라 영적 교제와 연결되도록 구성합니다.

운영을 위해 리더십 체계를 갖춥니다. 각 소그룹에는 리더와 부

리더를 한 명씩 두고, 이들은 매달 목회자와 함께 리더 교육을 받습니다. 훈련의 방향을 점검하고, 참가자들의 출석과 안전을 살피며, 그룹 채팅방을 통해 일상적인 격려와 나눔을 이어갑니다.

이 운동 훈련은 단지 몸을 움직이는 데 그치지 않고, 식습관 개선과 절제 훈련으로도 확장됩니다. 매월 마지막 주에는 건강한 식단을 함께 나누고, 반나절 금식 기도회를 진행하여 육체의 절제를 영적 훈련과 자연스럽게 연결합니다. 이는 단순한 체중 감량이나 건강 관리가 아닌, 하나님 앞에 나 자신을 절제하며 내어드리는 공동체적 훈련입니다.

지속 가능한 실천이 되도록 분기별로 소그룹 목표를 세우고, 각자 작은 성과를 함께 돌아보며 축하하는 시간을 갖습니다. 이 과정에서 중요한 것은 경쟁이 아니라, 서로의 변화를 격려하고 함께 성장하는 기쁨을 나누는 문화입니다. 이것이 바로 마페졸리가 말한 정서적 공동체의 본질입니다.

이러한 운동 훈련은 기존의 소그룹이나 구역 모임과 연계하여 충분히 실행할 수 있습니다. 장소는 교회 근처 공원, 운동장, 또는 교회 내 공간을 활용하고, 장비는 최소화하여 시작할 수 있습니다. 운동 매트나 밴드 등은 교회에서 기본으로 준비하되, 참여자들은 각자 개인 물품을 지참합니다.

결국, 이 신체 활동은 단발적인 프로그램이 아니라, 교회 공동체 안에서 지속적으로 이루어질 수 있는 새로운 형태의 실천입니다. 이는 단지 건강을 위한 모임이 아닌, 하나님이 창조하신 몸과 영혼을 함께 돌보며, 자발성과 감정적 연결을 통해 진정한 공동체로 나아가는 영적 여정이 됩니다.

현대 교회는 이처럼 몸과 영혼이 함께 살아나는 실천을 통해, 하나님 나라의 총체적 구원과 공동체의 회복이라는 거룩한 목적에 한 걸음 더 가까이 다가갈 수 있습니다.

3. 함께 짊어지는 삶, 공동체의 '구제'

오늘날 '구제'라는 말을 들으면, 우리는 종종 일회성의 도움이나 재정적 후원을 떠올립니다. 하지만 성경에서 말하는 구제는 단지 가진 것을 나누는 행위에 머물지 않습니다. 그것은 하나님께서 보시기에 마땅한 삶, 곧 이웃과 함께 짊어지는 삶의 방식이며, 우리 신앙이 향해야 할 가장 구체적인 실천 중 하나입니다.

예수님은 "네 이웃을 네 자신과 같이 사랑하라"고 말씀하셨고, 초대교회는 가진 것을 함께 나누며 공동체의 필요를 채우는 삶을 실제로 살아냈습니다. 이때의 나눔은 단지 물질을 넘어, 존재와 마음을 함께 내어주는 사랑의 행위였습니다. 하나님의 형상대로 지음 받은 사람을 존귀히 여기는 믿음, 그리고 그 믿음을 행동으로 옮기는 삶, 그것이 바로 구제입니다.

현대 사회는 점점 더 개인화되고 있으며, 공동체적 관심은 점차 주변부로 밀려나고 있습니다. 우리는 때로 타인의 필요보다 자신의 안정에 더 익숙해져 있고, 이웃의 고통을 마주할 용기보다는 거리두기에 능숙해져 버렸습니다. 그러나 그리스도인의 삶은 다시 이웃을 향해 나아가야 합니다. '구제'는 단지 도움을 주는 행위가 아니라, 공동체의 약한 지체를 돌아보며 함께 걸어가는 믿음의 실천입니다.

이 절에서는, 바로 그 구제의 회복을 다룹니다. 어떻게 교회 안에서 자발적인 나눔과 사랑이 실현될 수 있을지, 그리고 그것이 어떻게 공동체를 다시 하나로 묶는 힘이 될 수 있을지를 함께 나누려 합니다.

구제는 예수 그리스도의 핵심 가르침인 "네 이웃을 네 자신과 같이 사랑하라"막 12:31는 말씀에 근거합니다. 구약에서는 나그네와 고아, 과부를 돌보는 것이 하나님 백성의 중요한 책임으로 강조되었고신 10:18-19, 이는 헤세드חסד와 체다카צדקה로 표현되는 하나님의 자비와 의로움을 실천하는 구체적인 방식이었습니다. 초대교회는 이러한 전통을 이어받아 구제를 통해 공동체적 사랑을 실천했고, 이것은 교회의 본질적 특성이 되었습니다.행 2:44-45

이처럼 구제는 하나님의 형상으로 지음 받은 인간의 존엄성을 회복하기 위한 실천적 행위입니다. 단순히 물질적 도움을 제공하는 데 그치지 않고, 취약한 환경에 처한 이웃들의 전인적 회복을 도모하는 영적 실천이라고 할 수 있습니다. 특히 구제는 개인적 차원의 도움을 넘어, 지역 사회의 구조적 문제를 인식하고 그것을 개선하려는 기독교인의 공동체적 책임의식이 담긴 표현이기도 합니다. 이러한 구제 활동은 그리스도인들이 자발적이고 지속적으로 감당해가는 이웃 사랑의 구체적 실천이며, 하나님 나라의 가치를 이 땅 위에 구현하는 중요한 통로가 됩니다.57

현대 소비주의 사회에서 구제는 단순한 물질적 지원을 넘어, 전인적 돌봄과 관계적 실천을 통해 약화된 공동체성을 회복하는 중요한 도구가 될 수 있습니다. 마페졸리가 말한 신부족주의의 핵심 요소인 자발적 결속과 감정적 유대는 구제를 통해 실제로 구현될 수 있습니다. 특히 개인의 자발적 참여와 실천이 모여 하나의 공동체 정체성을 형성해가는 과정은 신부족주의적 특성을 잘 보여줍니다.

구제 훈련은 다음과 같은 단계로 이루어질 수 있습니다. 먼저 구제에 참여하고자 하는 이들의 자발적인 모임을 구성합니다. 첫 모임에서는 성경적 구제의 의미와 실천 방향을 함께 나누고, 각자가 한 주 동안 실천할 구체적인 계획을 세웁니다. 이는 마페졸리가 강조한 자발적 결속의 시작점이 됩니다. 구성원들은 각자의 상황과 은사에 따라 구제 방식을 자유롭게 선택할 수 있습니다. 예를 들어, 누군가의 고민이나 어려움을 들을 때 단순히 듣는 데 그치지 않고, 그 사람의 강점을 발견하여 구체적으로 언급해주거나, 짧은 카드나 편지로 응원의 마음을 전하거나, 그들의 성장 과정을 기억하고 축하해주는 등의 적극적인 격려를 실천할 수 있습니다. 또한 집수리나 이사를 돕거나, 컴퓨터나 스마트폰 사용법을 알려주거나, 학습이나 취업 준비를 위한 멘토링을 제공하는 등, 각자의 전문성과 능력을 활용한 실질적인 도움도 가능하며, 필요한 이들을 위한 은밀한 물질적 후원도 포함될 수 있습니다.

이후 한 주 동안 각자는 자신이 선택한 방식대로 구제를 실천합니다. 이때 중요한 것은 모든 실천이 자발적이고 자율적으로 이루어진다는 점입니다. 정해진 형식이나 의무적 수행이 아니라, 각자의 삶의 자리와 하나님의 인도하심에 따라 자연스럽게 이어지는 것이어야 합니다. 이러한 자발성은 마페졸리가 말하는 신부족주의적 공동체의 핵심 특성 가운데 하나입니다.

그렇게 한 주간의 실천을 지나, 공동체는 다시 모여 서로의 이야기를 나눕니다. 이 나눔은 단순한 활동 보고가 아니라, 구제를 통해 경험한 하나님의 은혜와 깨달음을 함께 나누는 영적 교제의 자리입니다. 구성원들은 서로의 이야기를 들으며 격려를 받고, 더 깊은 공동체적 유대를 형성하게 됩니다. 개인의 실천이 공동체의 경험으로 승화되는 순간입니다.

이러한 구제 훈련은 마페졸리의 신부족주의적 특성을 다음과 같이 구체적으로 드러냅니다. 첫째, 자발적 결속입니다. 개인이 자발적으로 참여하여 실천하지만, 그것이 하나의 공동체적 움직임으로 이어지게 됩니다. 둘째, 감정적 유대입니다. 구제의 실천과 나눔을 통해 구성원 사이에 깊은 정서적 연대가 형성됩니다. 셋째, 공통의 구심점입니다. 예수 그리스도의 사랑을 실천한다는 공통된 가치가 구성원들을 하나로 묶습니다.

이러한 방식의 구제 훈련은 소비주의 시대에 약화된 교회의 공동체성을 회복하는 데 실질적인 기여를 할 수 있습니다. 개인의 자발적인 실천이 모여 공동체적 영향력을 만들어내고, 이것이 다시 개인의 신앙적 성숙으로 이어지는 선순환을 형성하게 됩니다. 더 나아가 이러한 실천은 교회가 지역 사회 속에서 소금과 빛의 역할을 감당하는 구체적인 통로가 됩니다.

4. 멈춤으로 완성되는 공동체, '안식'의 회복

우리는 너무 많은 일을 감당하며 살아갑니다. 하루를 쉼 없이 채우고, 매주 반복되는 예배조차도 '해야 할 일'처럼 지나치기 쉽습니다. 그러나 하나님께서 우리에게 주신 안식은 단순한 휴식이 아닙니다. 그것은 "무엇을 하지 않는 시간"이 아니라, 하나님 앞에 나 자신을 온전히 내어드리는 시간입니다. 멈춤의 자리에 들어서야, 비로소 들리고 보이는 것이 있습니다.

설교자로서, 그리고 목회의 여정을 걸어가며 저는 어느 순간 '쉼 없이 일하는 것'이 신앙의 성실함이라 착각한 적이 있었습니다. 하지만 어느 날, 정말 하루를 온전히 비워 하나님 앞에 머무는 훈련을 해보니, 그 쉼의 자리가 단순한 휴식이 아니라 존재의 회복이자 하나님을 하나님 되게 하는 자리라는 사실을 깨달았습니다. 안식은 내가 쉬는 것이 아니라, 하나님이 일하시는 것을 인정하는 '신앙의 고백'이었습니다.

이 절에서는 바로 그 하루를 오롯이 비우는 안식 훈련이 개인과 공동체 안에서 어떻게 회복될 수 있는지, 그리고 그것이 교회를 어떻게 새롭게 할 수 있는지를 함께 나누고자 합니다.

안식은 결국, 시간을 성별하는 훈련입니다. 아브라함 요슈아 헤셸은 유대교를 "장소의 종교가 아니라 시간의 종교"라고 말했습니다.58 이 통찰은 오늘을 살아가는 우리에게도 깊은 질문을 던집니다. 하나님은 어떤 공간보다, 거룩하게 구별된 '시간' 속에서 우리를 만나기 원하십니다. 예배당도 소중하지만, 더 근본적인 예배는 삶의 시간을 구별하고 하나님께 드리는 데서 시작됩니다. 안식은 그러한 시간의 훈련입니다. 하루를 오롯이 비우고, 무엇을 하지 않음으로써 하나님을 다시 중심에 모시는 날. 그 시간이 없이는, 우리는 하나님을 섬긴다 하면서도 어느샌가 내 삶의 주인이 되어 버리고 맙니다.

그러나 현대의 교회와 신앙은 언제부턴가 '장소 중심'의 사고에 머물러 있습니다. 우리는 예배당에 가면 하나님을 만날 수 있다고 여기고, 특정한 공간 안에서만 거룩을 경험하려 합니다. 이처럼 공간에 종속된 신앙은 소비주의적 샤머니즘에 가까워집니다. 마치 특정 장소에 신령한 힘이 깃들어 있고, 거기에 가야만 은혜를 받을 수 있다는 생각은 성경이 말하는 하나님과는 거리가 멉니다. 하나님은 성전의 휘장을 찢으시며, 공간을 넘어 시간 속에서 우리와 함께 하시기를 원하십니다.

그래서 이 훈련은 쉽지 않습니다. 주일 외의 하루, 그날을 '아무것도 하지 않는 날'로 정하는 것이 단순해 보이지만, 실제로는 가장 어려운 실천 중 하나입니다. 우리는 쉴 줄 모르는 세상에 익숙해졌기 때문입니다. '해야 할 일'과 '성과를 내야 하는 삶'이 우리를 잠식해버렸고, 멈추는 것이 불안하게 느껴지는 시대를 살고 있습니다. 하지만 하나님은 멈추라고 말씀하십니다. "너희는 가만히 있어 내가 하나님 됨을 알지어다." 시 46:10 이 말씀은 단지 정적인 명상이 아니라, 존재의 리듬을 멈추고 하나님이 누구신지를 온몸으로 기억하라는 부르심입니다.

이 안식의 훈련은 단지 휴식을 취하는 차원을 넘습니다. 하루를 정해, 어떤 사역도 일정도 잡지 않고, 일상으로부터 한 걸음 물러서는 것입니다. 아무것도 하지 않고 하나님 앞에 머무는 것. 어떤 이에게는 혼자 머무는 고요가, 어떤 이에게는 가족·이웃과의 교제와 놀이, 일상의 일에서 한 발 물러나 함께 웃고 기뻐하는 시간입니다.

이러한 '비움의 날'은 하나님의 안식일 전통과도 맞닿아 있습니다. 창조의 일곱째 날, 하나님은 쉬셨습니다. 그리고 그 쉼 속에 복을 주셨고, 거룩하게 하셨습니다. 창 2:2-3 하나님의 거룩은 일의 완성이 아니라, 쉼의 완성에서 시작되었습니다. 우리도 그분의 백성이라면, 이 '쉼의 거룩'을 회복해야 합니다.

이 안식 훈련은 단순하지만 깊이 있습니다. 미리 하루를 정하고, 그날을 사역 일정에서 분리해냅니다. 그리고 물리적으로 익숙한 공간에서 벗어납니다. 스마트폰을 꺼두고, 이메일을 닫고, 조용히 머물거나 사랑하는 이들과 기쁨을 나눕니다. 처음 몇 시간은 마음이 산만하고, 무엇인가 해야 할 것만 같을 것입니다. 그러나 그 시간을 지나면, 마음 깊은 곳에서 하나님과 다시 연결되고, 이웃과의 관계 속에서도 새로운 평화를 경험하게 됩니다.

안식은 하나님을 기다리는 시간이자, 하나님께서 우리를 통해 공동체를 새롭게 하시는 시간입니다.

저 역시 이 훈련을 실제로 시도해본 적이 있습니다. 훈련 당시에 맡았던 부서 교사들과 함께 하루를 비워 하나님 앞에 머무는 시간, 그리고 하루 종일 연차를 내고 '쉼' 자체를 살아보는 훈련을 해보았습니다. 처음에는 모두가 낯설어했지만, 그 경험을 통해 안식이 단순한 휴식이 아니라 하나님을 다시 중심에 모시는 거룩한 훈련이라는 사실을 함께 깨달아갈 수 있었습니다.

이 훈련은 공동체적으로도 나눌 수 있습니다. 예를 들어, 한 달에 한 번 '안식 훈련의 날'을 정하고, 교회 전체가 함께 그 날을 살아내는 것입니다. 사역자들과 교사들부터 이 훈련을 시작해, 점차 교인들 안에 '쉴 수 있는 믿음'을 회복하게 하는 것입니다. 그날은 모든 회의와 사역은 쉬며, 각자 자신이 선택한 공간에서 각자의 방식으로 시간을 갖는 것입니다. 그리고 그 다음 주에는 서로가 어떤 쉼을 경험했는지를 조용히 나누며, 일상의 회복을 함께 기뻐하는 것입니다.

이러한 안식의 회복은 단지 개인의 내면적 평안에 그치지 않습니다. 그것은 교회 공동체가 세상의 리듬과는 다른 하나님 나라의 리듬으로 살아가기 위한 중요한 영적 표지가 됩니다. 하루를 비우는 훈련을 통해, 우리는 시간에 지배당하는 존재가 아니라, 시간을 거룩하게 구별하며 사는 존재로 자라납니다. 이는 일상의 피로와 분주함 속에서 믿음을 잃어버리지 않기 위한 적극적인 훈련이며, 동시에 하나님 나라 백성으로 살아가기 위한 깊은 저항이기도 합니다.

소비주의가 우리에게 요구하는 '더 많은 활동'은 결국 우리의 존재 자체를 피로하게 만듭니다. 그러나 안식은, 아무것도 하지 않음으로써 더 깊이 존재하게 하는 신앙의 방식입니다. 하나님은 쉼 가운데서 우리를 만지십니다. 일하지 않음에도 하나님이 여전히 살아 계시고, 교회는 여전히 주님의 것임을 기억하게 하십니다.

결국 안식은, 하나님이 하나님 되시도록 우리가 멈추는 날입니다. 그리고 그 멈춤을 통해, 우리는 다시 하나님의 형상으로 회복됩니다. 공동체도 마찬가지입니다. 분주함 속에서 소진된 교회는 안식을 통해 다시 숨을 쉽니다. 안식은 공동체가 다시 살아나는 하나님의 방식입니다. 쉼은 사치가 아니라, 거룩의 회복입니다.

5부

교회는 부족처럼 모여야 합니다

1장
이 시대, 다시 부족을 말하다

1. 신부족주의는 흐름인가 해답인가

한때, 교회는 사람들의 삶의 중심이었습니다. 일주일에 몇 번이고 모였고, 함께 예배하고 식사하며, 삶의 어려움을 나누고 서로를 돌보았습니다. 그때 교회는 단지 종교기관이 아니었습니다. 한 사람의 정체성과 삶의 무게를 함께 지는 공동체였고, 기쁨과 슬픔을 함께 걸어가는 '우리'였습니다. 하지만 지금, 그 중심은 서서히 무너지고 있습니다. 공동체의 온기는 사라졌고, 예배당은 점점 조용해졌습니다. '사람은 있는데, 관계는 없다'는 말은 더 이상 과장이 아닙니다.

이런 변화는 단지 교회만의 이야기가 아닙니다. 전체 사회가 그렇게 바뀌고 있습니다. 가족은 해체되고, 동네는 사라졌으며, 직장도 더 이상 공동체가 아닙니다. 사람들은 더 이상 '소속' 안에서 안정감을 얻지 못합니다. 그 자리를 대신하는 것은, 새로운 방식의 연결입니다. 감정의 공유, 취향의 동질감, 경험의 공감 속에서 사람들은 새로운 '부족'들을 만들어가고 있습니다. 이것이 바로 미셸 마페졸리가 말한 신부족주의neo-tribalism의 세계입니다.

마페졸리는 고전적 의미의 부족이 아니라, 느슨하지만 정서적으로 연결된 '신종 부족들'이 현대 사회 곳곳에 출현하고 있다고 보았습니다. 이 부족들은 일시적이고 유동적이며, 감정을 매개로 모이고 흩어집니다. 사람들은 더 이상 이념이나 제도로 결속되지 않습니다. 오히려 자신이 좋아하고 공감하는 '무언가'를 중심으로 자발적으로 연결됩니다. 취향의 공동체, 감정의 공동체, 놀이의 공동체가 탄생하고, 그 안에서 사람들은 '다시 함께' 존재하는 법을 배워갑니다.

교회는 이 흐름 앞에 서 있습니다. 이 현상을 그저 경계해야 할 시대적 유행으로만 볼 것인지, 아니면 교회 공동체가 다시 살아날 실마리로 볼 수 있을 것인지, 우리는 묻고 또 물어야 합니다. 분명한 것은, 신부족주의는 단지 '유행'이나 '현상'으로만 치부하기에는 너무도 심오하고 구조적인 변화를 담고 있다는 사실입니다. 그리고 그 안에는 우리가 회복해야 할 '공동체성'의 단서들이 숨어 있습니다.

무엇보다 신부족주의는 감정과 관계의 회복이라는 점에서, 오늘날 교회가 잃어버린 본질과 겹칩니다. 초대교회의 에클레시아는 특정한 제도나 형식이 아니었습니다. 그것은 '함께 있음' 자체였습니다. 함께 기도하고, 떡을 떼며, 서로의 삶을 돌보는 공동체였습니다. 신부족주의가 제안하는 '자발성, 감정성, 참여성'은 어쩌면 교회가 처음부터 품고 있었던 공동체의 원형이기도 합니다.

물론 신부족주의는 그 자체로 한계를 가집니다. 일시적이고, 깊이를 담기 어렵고, 공동체의 책임과 윤리를 체계화하기 어렵습니다. 하지만 그럼에도 불구하고, 이 흐름이 말하고 있는 감정적 유대의 회복, 선택과 자율에 기반한 공동체성, 삶 전체를 나누려는 갈망은 교회가 외면해서는 안 될 시대의 징후입니다. 중요한 것은 이 흐름을 어떻게 해석하고, 교회 안에서 어떻게 '거룩하게 전환'시킬 수 있느냐는 것입니다.

신부족주의가 주는 통찰은 분명합니다. 사람들은 여전히 함께하고 싶어 합니다. 다만 그 방식이 바뀌었을 뿐입니다. 교회는 이 시대의 변화를 무비판적으로 따를 필요는 없습니다. 하지만 이 변화가 무엇을 말하고 있는지 귀 기울여야 합니다. 우리는 잃어버린 공동체성을 어디서 다시 찾을 수 있을까요? 단지 제도적 회복이 아닌, 삶의 중심에서부터 재구성되는 공동체. 신앙이 머무는 공간이 아니라, 삶이 엮이는 장소. 그곳에서 교회는 다시 '부족'처럼, '함께 사는 사람들'로 회복되어야 합니다.

신부족주의는 단지 흐름이 아닙니다. 우리 시대의 깊은 결핍에 대한 집단적 응답입니다. 그리고 교회는, 이 응답을 가장 거룩하고 진실하게 감당할 수 있는 존재입니다. 다시 말해, 신부족주의는 교회가 회피해야 할 문화가 아니라, 복음의 눈으로 해석하고 품어야 할 삶의 징후입니다. 그리고 그 안에서, 교회는 다시 자신이 왜 모이고, 무엇을 중심으로 살아가는지를 깊이 성찰할 수 있습니다.

이제 우리는 묻습니다. 교회는 이 시대에 어떤 부족이 되어야 할까? 그것은 다음 절에서, 더 구체적으로 다루게 될 것입니다.

2. 취향의 공동체, 감정의 부족

이 시대는 더 이상 '의무'로 이어진 공동체가 아닌, '취향'으로 연결되는 공동체를 살아갑니다. 사람들은 더 이상 어디에 속해 있어야 한다는 도덕적 당위나 책임감으로 모이지 않습니다. 그보다는, 나의 관심사와 감정을 공유할 수 있는 사람들과 함께하고 싶어 합니다. 그리고 그런 만남은 때로 교회보다 훨씬 더 깊은 소속감을 선사합니다.

이러한 흐름은 미셸 마페졸리가 제안한 '신부족주의' 이론을 통해 잘 설명됩니다. 그는 현대인들이 감정과 취향을 중심으로 느슨하게 결속된 소그룹을 통해 공동체적 삶을 지속하고 있다고 보았습니다. 이제 사람들은 거대한 조직이나 제도 속의 일원이 되기보다는, 스스로 선택한 소속 안에서 정서적 유대를 나누며 살아갑니다.

1) 감정으로 결속하는 공동체, 팬덤 문화

팬덤 문화는 현대 사회에서 신부족주의를 대표하는 실천적 사례입니다. 이는 특정 인물이나 콘텐츠를 중심으로 형성된 집단으로, 관심과 감정의 공유를 통해 강한 소속감을 만들어냅니다. 나이도 직업도 전혀 다른 사람들이 같은 대상을 좋아한다는 이유만으로 자연스럽게 연결되고, 그 안에서 자신이 이해받고 있다는 감각을 얻게 됩니다.

이 공동체의 결속력은 단지 동일한 취향을 나누는 데서 그치지 않습니다. 팬들은 직접 관련 행사를 기획하고, 콘텐츠를 제작하며, 온라인과 오프라인을 넘나드는 다양한 활동에 자발적으로 참여합니다. 팬아트나 응원 캠페인처럼 창의적인 방식으로 소속감을 표현하는 일은 구성원 각자가 공동체 내에서의 역할을 찾고 정체성을 형성하는 중요한 과정이 됩니다.

이러한 흐름은 마페졸리가 설명한 신부족주의의 핵심, 곧 감정적 유대와 일시적 몰입, 선택적 소속이라는 요소들과 깊이 맞닿아 있습니다. 팬덤은 단순한 취미나 오락을 넘어, 현대인이 느끼는 소외감과 불확실성 속에서 정서적으로 안착할 수 있는 하나의 공동체적 장場이 되어주고 있습니다. 무엇보다 이 안에서는 열정과 참여가 존중받습니다. 누구나 특정한 '능력'이나 배경이 아니라, 자신이 쏟는 애정과 시간으로 인정받을 수 있는 구조가 형성되어 있기 때문입니다.

특히 한국 사회에서 이러한 팬덤 공동체는 더욱 활발하게 전개

되어 왔습니다. 특정 대중문화 콘텐츠를 향한 집단적 애정은 단지 소비에 그치지 않고, 구성원들이 스스로 콘텐츠를 확산시키는 동력으로 작용합니다. 구성원들은 함께 공연을 관람하고, 소셜 미디어를 통해 교류하며, 서로의 감정을 나누는 가운데 강한 결속을 형성합니다. 그리고 그렇게 만들어진 관계는 오랫동안 유지되며, 구성원 각자에게 정체성과 안정감을 제공하는 또 하나의 '부족'이 되어 줍니다.

결국 팬덤은 자율성과 감정적 결속이 조화를 이루는 공동체의 새로운 모델이라 할 수 있습니다. 이 문화는 단순한 관심사를 넘어, 새로운 사회적 연결망과 정체성의 틀을 제시하고 있습니다. 전통적인 공동체가 느슨해진 자리에 이들은 묻습니다.

> "무엇이 나를 이해하게 하고, 누구와 함께할 때 내가 살아 있음을 느끼는가?"

바로 그 질문 앞에 교회도 다시 서야 할 때입니다.

2) 자율로 연결되는 공동체, 온라인 커뮤니티

팬덤이 감정을 통해 결속된 공동체라면, 온라인 커뮤니티는 자율성과 선택을 기반으로 형성된 현대적 부족의 또 다른 형태라 할 수 있습니다. 디지털 기술의 발달은 관심사 중심의 네트워크를 가능하게 했고, 사람들은 물리적 거리나 현실의 역할과 무관하게 자신이 속하고 싶은 공동체를 스스로 선택합니다.

이러한 커뮤니티의 핵심은 익명성이 주는 자유로움에 있습니다. 현실에서는 말하기 어려운 이야기, 드러내기 힘든 감정과 정체성이 이 공간에서는 비교적 안전하게 표현될 수 있습니다. 마페졸리는 이를 '가면mask'의 개념으로 설명하며, 현대 공동체는 고정된 사회적 역할을 넘어 다양한 정체성을 실험할 수 있는 공간이어야 한다고 말합니다.59 온라인 커뮤니티는 그 실험의 장입니다. 그리고 그 실험은, 생각보다 훨씬 진지하고도 정서적인 관계로 이어집니다.

최근 주목받는 1인 미디어 플랫폼 역시, 신부족주의적 공동체의 성격을 잘 보여주는 사례입니다. 특정 콘텐츠를 중심으로 형성된 이 공동체에서는, 진행자 한 사람이 '토템'과 같은 역할을 하며 구성원들을 이끕니다. 시청자들은 단순히 소비자가 아닌, 의견을 나누고 콘텐츠를 함께 만들어 가는 참여자가 됩니다. 실시간 채팅을 통해 소통하고, 비슷한 취향과 감정을 공유하는 이들은 점차 하나의 '작은 부족'으로 연결되어 갑니다.

이처럼 온라인 커뮤니티는 현대 사회에서 새로운 방식으로 공동체적 삶을 가능하게 하는 공간입니다. 감정과 취향, 자율성과 참여를 통해 구성원 간의 유대는 더 깊어지고, 그 유대는 익명 속에서 오히려 더 진실하게 다가옵니다. 결국, 이곳에서도 사람들이 갈망하는 것은 같습니다. "나를 이해해 줄 사람, 함께 머물 수 있는 공간, 나도 누군가에게 의미 있는 존재가 되는 경험."

3) 다시, 교회는 누구와 연결되고 있는가

신부족주의는 분명 현대 공동체의 약함을 드러내는 동시에, 그 안에서도 여전히 관계를 갈망하는 인간의 본질을 조명합니다. 이 감정의 부족들이 보여주는 실천은, 어쩌면 교회가 잃어버린 공동체의 열망을 거울처럼 비추고 있습니다. 교회는 지금, 누군가의 감정을 담아줄 수 있는 공간입니까? 사람들은 교회 안에서 "나는 이해받고 있다"고 말할 수 있을까요?

오늘의 교회는 다시 질문해야 합니다. 예배당은 있지만 소속은 없고, 프로그램은 많지만 유대는 없는 현실 속에서, 우리는 어떤 부족을 꿈꾸고 있습니까? 취향과 감정을 나누는 공동체보다 더 깊고 진실한 연결을 이루기 위해, 교회는 다시 공동체로서의 본질을 회복해야 합니다.

3. 교회는 어떤 부족이 되어야 하는가

신부족주의는 단순히 사회의 변화를 진단하는 이론이 아닙니다. 그것은 오늘의 교회가 새롭게 귀 기울여야 할 질문을 던집니다. 감정으로 연결되고, 자율적으로 모이며, 정체성과 소속을 만들어내는 새로운 부족들 앞에서, 교회는 이제 스스로에게 물어야 합니다.

> "우리는 어떤 공동체인가?",
> "우리는 어떤 방식으로 사람들을 부르고, 품고, 연결하고 있는가?"

이 시대는 소속에 대한 방식이 완전히 바뀐 시대입니다. 누군가의 이름을 적어놓는 등록카드로는, 더 이상 누구도 마음을 내어주지 않습니다. 정해진 시간, 정해진 자리에 앉아 있는 것으로는 진정한 공동체적 경험이 일어나지 않습니다. 사람들은 자신이 '어디에 있는가'보다 '누구와 있는가'를 통해 정체성을 형성합니다. 그렇다면 교회는, 누구와 어떻게 함께하고 있습니까?

마페졸리는 현대의 부족이 정서적 유대를 중심으로 느슨하지만 강한 공동체를 형성한다고 보았습니다. 교회는 이와 다른 방식으로, 혹은 더 깊은 방식으로 그 유대를 회복할 수 있어야 합니다. 그것은 감정적 연대와 참여를 통해 유대감을 쌓되, 그 정서적 결속이 진리 위에 서도록 돕는 일입니다. 공동체는 결국 '공통의 삶'에서 나옵니다. 교회는 단순한 활동이나 참여가 아니라, 삶의 방향과 이야기를 나누는 곳이 되어야 합니다. 그리고 그 삶이 복음에 뿌리내릴 때, 비로소 교회는 이 시대의 부족들 속에서 유일한 대안 공동체가 될 수 있습니다.

신부족주의가 보여주는 흐름은 일시성, 감정성, 선택성을 특징으로 합니다. 하지만 교회는 그 흐름을 비판하거나 경계하기 전에, 그 속에서 일어나는 정서적 갈망을 읽어야 합니다. 그것은 하나님이 인간 안에 심어주신 '관계의 그릇'이기 때문입니다. 교회는 이 그릇을 채우는 장소가 되어야 합니다. 예배가 그런 자리가 되어야 하고, 소그룹과 모임, 나눔과 돌봄의 자리들이 그런 부족적 경험을 제공해야 합니다. 결국 교회는 '의미 있는 연결'의 장場이 되어야 합니다.

많은 교회가 교회다움을 회복하기 위해 '회복'을 말합니다. 하지만 진짜 회복은 어디에서 시작될까요? 그것은 사람들이 '여기 있으면 살아 있다'고 느끼는 자리에서부터입니다. 내가 이해받고, 내가 무너져도 괜찮고, 내가 누군가에게 힘이 될 수 있는 그런 공간. 교회가 그런 공간이 될 때, 사람들은 교회를 다시 '나의 공동체'로 부르게 됩니다. 다시 말해, 교회는 관계로 존재하는 공동체여야 합니다.

그리고 그 관계는 단순한 친목이나 감정의 공유를 넘어, 서로의 신앙을 지키는 '영적 부족'으로 나아가야 합니다. 세상의 부족들이 감정의 강도로 연결된다면, 교회는 그 감정의 깊이를 복음의 진리로 붙들어야 합니다. 믿음으로 연결되고, 은혜로 견디며, 말씀 위에 세워지는 관계. 이것이야말로 교회가 지향해야 할 부족의 모습입니다.

    지금 이 시대는 누구나 부족을 찾아 떠납니다. 사람들은 본능적으로 연결을 원하고, 이해받기를 바라며, 소속되고자 합니다. 교회는 그 여정의 끝자락에 '복음의 공동체'로 서 있어야 합니다. 스스로를 감정의 부족, 진리의 부족, 은혜의 부족으로 회복시켜야 합니다. 그리고 그 안에서 사람들을 맞이해야 합니다. 그렇게 회복된 공동체만이, 다시 모일 수 있습니다.

2장
교회, 세상의 부족을 품다

1. 부족을 위한 교회, 교회를 위한 부족

신부족주의가 보여주는 것은 단지 사회학적 트렌드가 아닙니다. 그것은 인간이 여전히 공동체를 갈망하고 있다는 깊은 본능의 표현입니다. 교회는 바로 이 지점에서 다시 질문해야 합니다. "오늘의 교회는, 세상의 부족이 될 수 있는가?" "그리고 우리는, 이 시대의 '감정의 부족'들을 품을 수 있는가?"

신부족주의의 세계에서 중요한 것은 제도가 아닙니다. 그것은 중심적인 리더십도, 권위적인 체계도 아닙니다. 그 대신, 중요한 것은 정서적 유대, 상호적인 이해, 그리고 자발적인 참여입니다. 이 구조는 전통적인 교회의 운영 방식과는 사뭇 다르지만, 동시에 교회 본연의 모습과도 무관하지 않습니다. 초대 교회는 바로 그러한 방식으로 존재했습니다. 그들은 공동의 식탁에서 만나고, 서로의 고통을 나누며, 사랑 안에서 삶을 함께했습니다. 그들에게 교회란 제도 이전에 '부족'이었습니다. 바로 함께 울고, 함께 웃는 사람들의 공동체였던 것입니다.

오늘날 우리가 마주하는 '감정의 부족'은 어떤 면에서 교회가 제자리를 내어준 자리에서 피어난 존재들입니다. 교회가 더 이상 '이해받을 수 있는 공간'이 아니게 되었을 때, 사람들은 자신을 이해해 줄 누군가를 찾아 스스로 부족을 이루었습니다. 이제 교회는 이 부족들을 향해 다시 손을 내밀어야 합니다. 이들을 교회 안으로 끌어들이는 방식이 아니라, 교회가 먼저 부족이 되어 그들 곁으로 가야 합니다. 즉, 교회는 부족을 위한 공간이 되어야 하며, 동시에 부족을 통해 교회다움을 회복해야 하는 것입니다.

교회가 이 시대의 부족을 품는다는 것은, 단지 프로그램을 열어주는 것이 아닙니다. 그것은 먼저 경청하는 교회, 느슨하게 연결된 감정의 언어에 귀 기울이는 공동체가 되는 것을 의미합니다. 팬덤의 열정, 커뮤니티의 자율성, 그리고 감정 중심의 소속감을 무조건적으로 비판하거나 대체하려 들기보다, 그 안에 담긴 '관계에 대한 갈망'을 진지하게 바라보는 것입니다. 교회가 진심으로 그 갈망을 이해하고, 복음의 언어로 그것에 응답할 수 있다면, 사람들은 다시 교회를 통해 하나님의 공동체를 꿈꾸게 될 것입니다.

이런 점에서, 신부족주의는 단순히 교회의 위기를 말해주는 것이 아닙니다. 오히려 교회가 나아가야 할 새로운 방향을 제시해주는 현대적 거울입니다. 교회는 '진리의 선포'라는 사명을 버리지 않으면서도, 동시에 '공감과 참여'라는 부족의 언어를 회피해서는 안 됩니다. 진리는 여전히 중심이지만, 그 진리가 전달되는 방식은 시대의 귀에 들릴 수 있어야 하며, 공동체의 삶으로 증명되어야 합니다.

그리고 이 모든 전환은, 결국 한 가지 질문에서 출발합니다.

"교회는 누구의 부족이 되어줄 것인가?"

단지 우리끼리의 부족이 아니라, 교회 밖에서 외로워하는 이들, 누군가의 말에 처음으로 공감 받고 싶은 이들, 익명 속에서도 진심을 나누고 싶은 이들을 위한 부족.

우리는 이제 복음이 이끄는 방향으로, 새로운 부족을 세울 수 있어야 합니다. 그것은 교회의 본질을 버리는 일이 아니라, 오히려 복음의 본질을 세상 속으로 다시 뿌리내리는 일입니다. 교회는 부족을 위한 교회가 될 때, 다시 세상을 위한 교회가 됩니다. 그리고 그 교회는, 결국 하나님의 나라가 이 땅에 임하는 가장 구체적인 형태가 되어줄 것입니다.

하지만 우리가 이 시대의 부족을 품기 위해서는, 먼저 우리의 영혼이 어디에 닿아 있는지를 돌아보아야 합니다. 세상이 만들어 낸 수많은 이야기 속에서, 진짜 복음의 이야기를 듣는다는 것이 얼마나 어려운 일인지 우리는 알고 있습니다.

성경 말씀을 닮았지만, 실은 픽션인 책을 위경僞經이라 부릅니다. 마치 역사적 사실을 바탕으로 만든 영화나 소설처럼, 위경은 감정과 서사에 설득력을 담고 있지만 본질은 허구에 가깝습니다. 놀라운 점은, 그럼에도 많은 이들이 위경에 마음을 빼앗겼다는 사실입니다.

지금 우리가 살아가는 시대도 크게 다르지 않습니다. 사람들은 진실을 사실보다 감정으로 판단하고, 지식보다는 서사에 마음을 엽니다. 역사와 신앙마저도 영화와 드라마, 유튜브 속 이야기로 받아들이는 흐름 속에서, 우리는 자연스레 각자의 진리를 선택하며 살아갑니다. 이런 흐름은 우리를 '~주의nism'라는 이름의 작은 진영으로 이끌고, 결국 내가 듣고 싶은 말만 들리는 작은 울타리 안에 갇히게 됩니다.

주님께서는 "좌로나 우로나 치우치지 말라"수 1:7고 말씀하셨지만, 우리는 여전히 좌고우면하며 한 방향으로만 가려고 합니다. 그래서 하나님은 '남은 자'롬 9:27를 말씀하셨는지도 모르겠습니다. 혼탁한 시대 한복판에서, 말씀 앞에 머물며 하나님을 향한 순수한 시선을 잃지 않는 이들이 필요하기 때문입니다.

우리가 살아가는 이야기의 홍수 속에서, 오히려 침묵을 통해 더 깊은 이야기를 들을 수 있지 않을까요? 믿음의 선진들은 세상의 소음에서 벗어나기 위해 침묵과 고독의 시간을 선택했습니다. 그들에게 침묵은 단지 말이 없는 상태가 아니라, 세상의 소리가 잠잠해질 때 들려오는 하나님의 속삭임을 기다리는 시간이었습니다.

우리도 잠시 멈춰, 분주한 일상과 끝없는 소리들에서 벗어나 마음의 깊은 수실秀室로 들어가 보면 어떨까요. 그곳에서 말씀은 다시 살아나고, 하나님은 말씀하십니다. 흔들리지 않고, 좌우로 치우치지 않는 그 자리에, 하나님이 우리를 초대하고 계십니다.

바람 한 점 없는 맑은 아침처럼, 때로는 아늑한 심야처럼. 하나님께서 우리를 위해 준비하신 그 침묵의 평안이, 오늘 우리의 마음 깊은 곳에서 다시 시작되었으면 합니다.

2. 도시에서 함께 믿음으로 살아가다

도시는 언제나 모순적인 공간입니다. 수많은 사람들이 서로를 알지 못한 채 스쳐 지나가지만, 동시에 가장 다양한 공동체들이 태어나고 자라는 토양이 되기도 합니다. 본질적으로 도시는 '분산된 삶'을 전제로 움직입니다. 그러나 그 분산 속에서 사람들은 또다시 '연결'을 갈망합니다. 바로 이 자리에서 교회는, 도시의 한가운데서 다시 자신에게 물어야 합니다 "이 복잡하고 빠른 도시에서, 교회는 어떻게 공동체가 될 수 있는가?"

도시화는 교회의 본질을 시험합니다. 빠르게 움직이는 사회, 기능 중심의 인간 관계, 고립된 삶의 구조 속에서 교회는 단순히 '주일에 모이는 장소' 이상이 되기 어렵습니다. 신앙은 점점 개인화되고, 공동체는 단지 프로그램을 함께 소비하는 방식으로만 존재할 수 있습니다. 그러나 신부족주의는 이 흐름 속에서 전혀 다른 가능성을 제시합니다. 그것은 거대한 구조가 아니라, 작은 연결입니다. 전체를 조망하려는 시도보다, 지금 여기의 한 사람에게 집중하는 방식입니다.

도시 속의 작은 공동체는 그 자체로 '신부족주의적 교회'의 가능성을 품고 있습니다. 그것은 제도를 중심으로 움직이는 교회가 아니라, 관계와 일상 속에서 자라나는 공동체입니다. 소그룹, 셀모임, 골방에서의 기도회, 삶을 나누는 테이블 위의 대화. 이 모든 것은 작은 부족을 이루는 씨앗이 됩니다. 중요한 것은 규모가 아니라, 밀도입니다. 교회가 사람의 수를 세지 않고, 관계의 깊이를 재기 시작할 때, 도시는 다시 교회의 가능성이 됩니다.

신학적으로도 도시는 늘 긴장과 질문을 던지는 공간이었습니다. 창세기에서 가인은 하나님께서 명하신 떠남의 삶 대신, 성을 쌓고 그 성에 자신의 아들의 이름을 붙입니다. 에녹이라 불리는 그 도시는 인간의 이름을 영원하게 하려는 시도이자, 하나님 없이도 문명과 문화가 세워질 수 있다는 하나의 신화였습니다. 반면 하나님은 아브라함을 도시로부터 불러내어 광야에서 언약을 맺으셨고, 이집트라고 하는 제국적 도시에서 이스라엘을 끄집어내어 하나님 나라의 백성으로 세우셨습니다. 하나님은 거대한 구조 속의 '힘'이 아니라, 낮고 작은 자리에서 '관계'를 이루어 가십니다.

마페졸리는 도시화된 현대 사회에서도 새로운 부족 형태가 감정과 취향을 통해 재구성되고 있다고 보았습니다. 이는 오늘날 도시 속에서 교회가 나아가야 할 방향에 대해 의미 있는 통찰을 제공합니다. 우리는 도시를 공동체의 해체로만 보았지만, 그 안에도 여전히 관계를 갈망하는 사람들이 있습니다. 복음의 관점에서 본다면, 도시 역시 선교의 대상일 뿐 아니라, 공동체의 기회이기도 합니다. 오히려 그 고립과 파편화가 사람들로 하여금 진짜 관계를 더욱 갈망하게 만들고, 새로운 연결에 마음을 열게 합니다.

이제 교회는 '작은 방식으로 존재하는 법'도 배워야 합니다. 더 많은 사람을 불러 모으는 전략보다, 지금 내 곁에 있는 사람의 이야기를 들어주는 태도가 필요합니다. 사람들은 대형교회나 유명 강사의 메시지보다, 자신과 함께 울어줄 수 있는 누군가를 원하고 있습니다. 도시에서 교회가 다시 뿌리내리는 길은, 거창한 사역이 아니라 섬세한 동행에 있습니다.

실제로 한국 사회 곳곳에서는 이러한 교회들이 자라나고 있습니다. 한 건물의 지하에서, 주택가의 다락방에서, 아파트의 거실에서 사람들은 다시 모이고 있습니다. 이들은 큰 예배당도, 유명한 목회자도 없지만, '같이 있음'의 감동을 다시 배워가고 있습니다. 이 작은 공동체들은 도시 한복판에서, "함께 있음이 복음이다"라는 사실을 삶으로 증언하고 있습니다.

이제 도시 한가운데서 교회가 회복해야 할 것은 단지 '말씀의 위엄'만이 아니라, '말씀을 함께 살아내는 삶'입니다. 그것이 바로 부족이 되어 도시에서 함께 살아가는 방법입니다. 우리가 '작은 교회'로 존재하는 것을 두려워하지 않을 때, 교회는 도시의 작은 골목에서도, 바쁜 거리에서도 다시 모일 수 있습니다. 중요한 것은 규모의 크고 작음이 아니라, 어떤 정체성과 태도로 그 자리에 서 있는가입니다.

예수님께서 교회를 '소금'과 '빛'으로 부르신 것도 그 때문입니다. 소금이 자신을 드러내기 위해 지나치게 많아지면 음식은 짜서 먹을 수 없고, 빛이 스스로를 드러내기 위해 지나치게 강해지면 오히려 모든 것을 태워버립니다. 소금은 살리는 맛이어야 하고, 빛은 생명을 비추는 온기여야 합니다. 교회가 이 땅에서 소금과 빛으로 존재한다는 것은, 겉으로 드러나는 크기보다 삶을 살리는 존재로서 있다는 뜻입니다. 바로 그 자리에서, 교회는 도시를 다시 품을 수 있습니다. 작지만 단단한 연결, 그 속에서 교회는 다시 시작될 수 있습니다.

3. 일상의 영성으로 연결된 사람들

우리는 오랫동안 영성을 '특별한 순간'에 경험되는 것으로 여겨왔습니다. 은혜로운 부흥회, 깊은 기도의 밤, 뜨겁게 몰입하는 찬양. 이 모든 순간은 분명 귀합니다. 하지만 일상의 시간, 평범한 공간에서 드러나는 신앙의 깊이는 종종 간과되어 왔습니다. 바우만은 불확실성과 불안이 일상이 된 현대 사회에서, 사람들이 순간적 체험보다 오래 지속될 수 있는 신뢰와 의미를 필요로 한다고 말했습니다. 그렇기에 교회는 바쁜 하루 속에서도 잠시 멈추어 하나님을 생각하고, 소소한 선택 속에서도 복음을 살아낼 수 있도록 일상의 영성을 길러주어야 합니다. 유진 피터슨 역시 신앙은 특별한 이벤트가 아니라, 일상 속에서 이어지는 영성이라고 강조했습니다. 바로 그 자리에서 교회는, 신부족주의적 공동체로 새롭게 탄생할 수 있습니다.

신부족주의는 감정과 취향을 중심으로 한 소속의 문화입니다. 교회가 이 흐름 속에서 영적인 깊이를 회복하려면, 일상의 영성을 공동체적으로 살아내는 방식을 되살려야 합니다. 그것은 예배와 삶이 분리되지 않는 자리입니다. 말씀은 삶의 가장 작은 선택들 속에서 살아 움직이고, 기도는 정해진 시간만이 아니라 삶 전체에 스며드는 습관이 됩니다. 거창하지 않지만 진실한 훈련이 우리를 묶습니다. 이 연결은 강요가 아니라 공감이며, 통제가 아니라 자율입니다. 그것이 바로 부족의 방식이기 때문입니다.

일상의 영성은 함께 살아가는 사람들과의 관계 속에서 구체화됩니다. 누군가의 하루를 묻는 인사, 아침 식탁에서의 감사, 지하철에서 드리는 속삭이는 기도, 무심코 흘린 눈물에 건네는 손수건. 이 모든 것이 하나님 앞에 드리는 삶의 예배가 됩니다. 그러한 연결이 가능하려면, 교회는 프로그램을 넘어 '삶을 나누는 공간'이 되어야 합니다. 더 정확히 말하면, 삶을 '함께 해석하는 공동체'가 되어야 합니다.

사막 교부들은 일상을 통하여 하나님을 만났습니다. 그들은 특별한 성소나 제의가 아닌, 반복되는 노동과 침묵 속에서 하나님의 임재를 경험했습니다. 그들의 삶은 우리에게 질문합니다. "정말 영성은 특별한 무엇이 아니라, 어떻게 살아가는가에 관한 것 아닙니까?" 이 질문 앞에서 오늘의 교회는 다시 돌아봐야 합니다. 예배 시간만이 아니라, 퇴근길, 육아의 분주함, 대화 속의 침묵, 서로를 돌보는 식사의 시간 속에서 하나님의 임재를 인식하고 나누고 있느냐는 것입니다.

마페졸리는 공동체를 연결하는 구심점으로 '공통의 감수성'을 강조했습니다. 교회는 바로 이 감수성을 '영성'이라는 이름으로 품을 수 있어야 합니다. 그것은 강한 리더십이나 완벽한 조직력으로는 설명되지 않습니다. 오히려 느슨하지만 지속적인 관계, 서로의 마음을 읽고 존중하는 삶의 태도 속에서 형성됩니다. 작은 실천 하나가 일상의 흐름을 바꾸고, 그 흐름이 함께 모일 때 교회는 단지 예배당을 넘어 하나님의 임재가 머무는 삶의 공간으로 확장됩니다.

결국, 우리는 일상의 영성을 나누는 이들과 함께 살아야 합니다. 주중에는 각자의 자리로 흩어지지만, 다시 돌아와 서로를 붙들고, 다시 하나님을 기억하며 함께 걸어가는 여정. 그것이 신부족주의 시대의 교회가 지속적인 연결을 만들어 가는 방식입니다. 복음은 언제나 일상의 걸음 속에서 삶과 삶을 이어주며 흘러가는 것이기 때문입니다. 그리고 그 여정에서 우리는 묻습니다.

"당신의 오늘은 어땠습니까?"

이 물음 하나가, 교회를 다시 공동체로 만듭니다.

3장
다시 모이는 교회

1. 교회는 공간이 아니라 삶이다

우리는 여전히 "어디에 다니세요?"라는 질문으로 교회를 묻습니다. '다니는 곳'으로서의 교회, 곧 예배당과 프로그램을 중심에 둔 신앙생활이 너무도 당연하게 여겨져 왔습니다. 이때 교회는 하나의 공간, 하나의 장소로만 인식되기 쉽습니다. 하지만 교회는 애초부터 '건물'이 아니라 '모임'이었습니다. 그것도 함께 살아가는 사람들의 '삶' 그 자체였습니다.

소비주의 사회는 신앙을 점점 경험 중심으로 바꾸었고, 그 경험을 소비 가능한 형태로 전환시켰습니다. 예배의 감동, 설교의 완성도, 공간의 인테리어, 동선의 편리함까지 신앙은 '제공되는 것'으로 이해되기 시작했고, 교회는 '서비스의 장소'로 변해 갔습니다. 그러나 정작 중요한 질문은 사라졌습니다. 바로, "그 공간 안에서 우리는 누구와 함께 믿음을 살아가고 있는가?"라는 물음입니다. 공간은 남아 있지만 삶은 사라졌고, 시스템은 유지되지만 관계는 무너졌습니다.

이런 흐름 속에서 마페졸리는 현대 공동체의 형성을 공통의 감수성을 공유하는 사람들 간의 정서적 연결로 보았습니다. 전통적인 제도나 장소보다, 감정과 취향을 중심으로 모인 사람들 사이의 일상적 연결에서 공동체의 가능성을 발견해야 한다는 것입니다. 이 연결은 느슨하지만 진실하며, 현대 사회 속 부족들은 그러한 방식으로 살아갑니다.

교회 역시 그 본질은 장소가 아니라 관계입니다. 사도행전 속 초대 교회는 '성전에서 모이기를 힘쓰고, 집에서 떡을 떼며 교제'했습니다. 그것은 공간보다 삶이 중심이 된 공동체의 모습입니다. 우리가 교회를 예배 시간에만 머무는 공간으로 축소시킨다면, 교회는 더 이상 '함께 살아가는 존재'가 아니라 '잠시 들르는 경험'이 되고 맙니다.

교회는 함께 밥을 먹고, 함께 아파하고, 함께 기도하며, 함께 일상을 해석하는 삶 속에 존재합니다. 교회가 존재한다는 것은 어떤 물리적 공간이 있다는 의미가 아니라, 누군가와 함께 신앙을 살아내는 삶의 방식이 있다는 뜻입니다. 그것은 소비할 수 있는 것이 아니라, 매일의 선택과 관계 속에서 길어 올려야 하는 것입니다.

결국, 오늘의 교회는 '삶이 없는 공간'이 아니라, '공간이 없어도 지속되는 관계'로 다시 서야 합니다. 예배당이 열리지 않아도 연결은 계속되고, 프로그램이 사라져도 기도는 이어져야 합니다.

교회는 그런 방식으로 존재해 왔고, 앞으로도 그렇게 존재할 수 있어야 합니다. 마페졸리가 말한 '공통의 감수성'은 바로 이런 관계성과 일상성, 그리고 서로를 향한 신뢰와 공감의 기반 위에서 형성됩니다.

"교회는 어디에 있습니까?"라는 질문에 우리는 이제 이렇게 대답해야 합니다.

"교회는 우리가 함께 살아가는 그 삶 속에 있습니다."

공간은 교회를 담을 수 있지만, 교회 그 자체는 아닙니다.

2. 함께 있는 교회가 살아남는다

우리는 지금까지 교회를 '오래 다니는 사람'으로, '정기적으로 예배드리는 이'로 정의해왔습니다. 그러나 신부족주의적 시대는 이 기준에 근본적인 질문을 던집니다. 그 사람은 '함께 있는가'? 주일에 예배당에 있었다는가 보다 더 중요한 것은 그 예배가 누구와 함께 살아내는 믿음으로 이어졌는가? 이 질문은 교회가 단순히 기능적 조직이 아니라, 실제로 관계로 살아 있는지를 묻는 질문입니다.

미셸 마페졸리는 현대의 공동체에 대해 전통적인 규범이나 제도에 의해 유지되지 않는다고 말했습니다. 오히려 공통의 감수성, 즉 감정과 삶의 결을 함께 나누는 관계 속에서 공동체는 형성됩니다. 제도적으로 묶여 있지 않아도 정서적으로 연결되어 있다면, 그것이 곧 공동체입니다. 따라서 오늘의 교회가 살아남는 길은 복잡한 시스템이나 더 많은 프로그램에 있는 것이 아니라, 관계의 회복과 함께 있음의 복원에 달려 있습니다.

신부족주의적 시대의 사람들은 유연하고 느슨한 관계를 통해 정서적 유대를 형성합니다. 이들은 강한 책임이나 의무보다는, 선택적 참여와 감정적 공감을 통해 서로를 연결합니다. 그렇다고 이 공동체가 얕고 가벼운 것은 아닙니다. 오히려 스스로 선택했기에 더 깊은 충성도와 결속력을 만들어냅니다. 교회도 이제, '얼마나 자주 왔는가'가 아니라 '누구와 함께 신앙을 나누고 있는가'를 중심에 두어야 합니다.

예배의 자리를 마련하고, 교제를 위한 프로그램을 기획하는 일은 여전히 필요합니다. 하지만 그것이 사람과 사람 사이의 관계로 이어지지 않는다면, 교회는 그 자리를 유지할 뿐 살아 숨 쉬는 공동체가 되지는 못합니다. 마페졸리가 강조한 '공통의 감수성'은 바로 그 관계의 결을 설명합니다. 교회가 살아있기 위해서는 사람과 사람이 서로의 감정을 읽고, 작은 고통을 알아차리고, 일상의 순간에 함께 웃을 수 있어야 합니다.

소비주의 신앙은 공동체보다 개인의 경험을 앞세웁니다. '내가 무엇을 얻었는가'가 신앙의 기준이 될 때, '우리가 어떻게 살아가고 있는가'는 사라지게 됩니다. 그렇게 교회는 사람이 모여도 공동체가 되지 못하고, 예배가 있어도 '함께 있음'은 사라집니다.

그러나 교회는 언제나 함께 있어야만 살아남을 수 있는 공동체였습니다. 초대 교회는 성전에서 기도했지만, 동시에 '집에서 떡을 떼며 교제'했습니다. 고난과 핍박 속에서도 서로의 짐을 나누고, 가난한 자를 돌보며, 함께 울고 함께 웃는 삶이 있었습니다. 그것이 교회의 생명이었고, 오늘도 그 유산이 교회를 지탱하고 있습니다.

'함께 있는 교회'는 거창하지 않습니다. 오히려 작고 느슨하게 보일 수도 있습니다. 그러나 그 안에는 관계의 깊이가 있습니다. 서로의 이름을 기억하고, 일상을 묻고, 기도 제목을 나누며 살아가는 삶. 그곳에 성령의 공동체가 있습니다. 그것은 신부족주의가 지적한 것처럼, 소속감을 통해 정체성을 회복하고, 감정의 유대를 통해 존재의 자리를 회복해가는 여정입니다.

오늘날 많은 교회들이 외형적 성장을 위해 투자하고, 성도 유지율을 위한 전략을 고민합니다. 그러나 진짜 교회는 '함께 있음'을 통해 생명을 얻습니다. 사람들이 다시 돌아오는 교회는, 기억되는 예배보다 기억되는 사람, 기억되는 관계가 있는 곳입니다. 그것이 신앙이 스며드는 방식이고, 교회가 다시 살아나는 방식입니다.

결국, 교회는 모인다고 교회가 아니라, 함께 살아야 교회입니다. 그것은 프로그램으로 만들 수 있는 것이 아니라, 일상 속에서 끊임없이 이어가는 신앙의 연결망입니다. 누군가의 오늘을 진심으로 물을 수 있는 사람, 그 대답을 끝까지 들어줄 수 있는 공동체. 교회는 그런 이들이 '함께 있는' 자리에서 다시 살아납니다.

그리고 그 함께 있음이 지속되기 위해 필요한 것은, 결국 하나님과의 깊은 연결, 곧 영성입니다. 그 영성이 교회 안의 관계를 지탱하고, 각자의 신앙을 엮으며, 부족처럼 살아가는 공동체를 가능케 합니다.

3. 마지막 질문- 우리는 함께입니까?

신앙의 여정은 언제나 관계 속에서 완성되어 왔습니다. 아브라함의 길에도 동행이 있었고, 예수님의 사역도 공동체와 함께 이루어졌습니다. 사도 바울이 보낸 수많은 서신도 결국은 사람을 향한 것이었습니다. 복음은 단지 개인의 구원을 말하지 않습니다. 복음은 '함께 살아가는 삶'을 회복시키는 이야기입니다.

그런데 오늘의 교회는 점점 그 '함께'에서 멀어지고 있습니다. 코로나 팬데믹 이후로 사람들은 물리적 거리 두기만이 아니라, 신앙의 거리도 함께 두기 시작했습니다. 익숙했던 자리, 자연스러웠던 관계, 반복되던 만남이 끊기자, 믿음의 여정도 멈춘 이들이 많아졌습니다. 다시 돌아오지 못한 사람들, 연결이 끊어진 채 이름만

남은 명단들. 교회는 지금, 이 질문 앞에 서야 합니다.

"우리는 정말 함께 있는가?"

현대인의 삶은 점점 개인화되고 분절되어가고 있습니다. 사람들은 자기 취향에 맞는 공동체를 자율적으로 선택하지만, 그 안에서도 깊은 유대와 진실한 관계를 갈망합니다. 신부족주의는 이런 흐름 속에서 감정과 경험을 공유하는 새로운 방식의 공동체가 형성되고 있음을 보여줍니다. 교회는 이 시대의 새로운 부족들 앞에서 다시 본질을 묻게 됩니다.

교회는 여전히 함께 살아가는 공동체입니까?

누군가의 고단한 하루를 함께 짊어질 수 있는 공간입니까?

이 안에 들어와 머물렀을 때 "내가 이해받고 있다"고 말할 수 있습니까?

이 질문들에 대한 대답이 단순한 정서적 위로나 조직적 대응에 머문다면, 교회는 또 다른 문화적 소비의 장이 될 수밖에 없습니다. 그러나 교회가 다시 복음의 공동체로 회복되기 위해 붙들어야 할 중심은 분명합니다. 그 중심은 '영성'입니다.

영성은 단지 개인의 경건이 아니라, 함께 살아내는 믿음의 문화입니다. 그것은 관계를 복원하고, 삶을 연결하고, 사랑을 지속시키는 힘입니다. 영성은 교회의 프로그램이 아니라, 교회를 교회되게 만드는 중심입니다. 이 시대의 부족들은 감정으로 연결되지만, 교회는 복음의 영성으로 연결되어야 합니다.

저 역시 그 사실을 절박하게 배운 적이 있습니다. 신학대학원 입시를 준비하던 어느 여름, 갑작스러운 폐 질환으로 병원에 실려 갔습니다. 처음엔 단순한 담 증상인 줄 알았고, 병원에서도 이상이 없다고 했습니다. 그러나 증상은 점점 심해졌고, 결국 가까운 병원에서 "위급한 상태"라는 진단을 받고 긴급히 큰 병원으로 옮겨졌습니다. 왼쪽 폐의 6분의 5가 하얗게 변했고, 간수치는 200을 넘었으며, 앉아서 밤을 새울 수밖에 없을 만큼 고통스러운 시간이었습니다. 의료진은 수술을 준비했지만, 그 전날 밤 저는 병실에서 하나님의 음성을 들었습니다.

"사랑하는 아들아, 네가 나를 사랑하느냐?"
"주님, 제가 주님을 사랑합니다."
"그래, 내가 널 고쳐주마. 걱정하지 마라."

이튿날 CT 촬영에서 수술 직전까지 폐에 가득 찼던 물이 흔적도 없이 사라졌고, 의료진조차 설명할 수 없는 기적의 순간이 찾아왔습니다. 저는 눕지도 못했던 몸으로 수술실에 걸어서 들어갔다가, 수술 없이 걸어서 나왔습니다. 이후로도 간증처럼 많은 일들이 있었지만, 이 사건은 단순한 '신유 체험'을 넘어서 제 신앙의 중심을 다시 세우는 시간이었습니다.

그때 깨달은 건 '믿음은 혼자만의 뜨거움'이 아니라는 것이었습니다. 처음 주님을 만났을 땐, 제 믿음 하나로 충분하다고 여겼습니다. 누가 조언을 해도, '당신보다 내가 더 기도하고 너 뜨겁다'는 마음이 앞섰습니다.

하지만 고통과 회복의 시간을 지나며, 저는 벽돌 같은 제 믿음이 누군가를 상하게 할 수 있다는 사실을 배웠습니다. 벽돌 하나가 손에 쥐어지면 사람을 위협하는 둔기가 될 수도 있다는 것을 절실히 깨달았기 때문입니다.

그러나 벽돌은 홀로 존재할 때보다, 서로가 맞닿을 때 비로소 아름다운 한 면이 됩니다. 벽돌 하나하나가 연결되어 견고한 벽을 이루듯이, 그리스도 안에서 믿음은 혼자가 아니라 '연결된 존재'로 살아갑니다. 서로의 모서리가 함께 맞닿고, 예수 그리스도라는 몰타르 안에서 우리는 '함께 지어져 가는 성전'이 됩니다. 그것이 공동체적 영성이며, 제가 병실에서 만난 하나님의 마음이었습니다.

교회가 다시 부족처럼 모여야 한다면, 그 중심에는 반드시 영성의 회복이 있어야 합니다. 그 영성이 공동체를 살리고, 세상 속에서 교회를 드러내며, 우리를 하나로 이어주는 힘이 됩니다. 그리고 그 힘이 살아 있을 때, 우리는 교회가 진정으로 어디에 서 있는지 묻게 됩니다. 이제 우리가 붙들어야 할 질문은 분명합니다.

"우리는 함께입니까?"

우리가 예배당에 있었는가보다, 서로의 삶을 함께 지탱했는가. 그 물음 앞에서 마주 서는 순간, 교회는 복음의 이름으로 다시 공동체가 됩니다. "그리고 그 회복의 시작점에는, 하나님과 다시 깊이 연결되는 자리가 있습니다. 우리는 그 자리를 '영성'이라 부릅니다."

교회는 완벽할 수 없습니다. 그러나 교회는 '함께' 있기 때문에 여전히 소망입니다. 따라서 교회는 완성된 공동체가 아니라, 서로의 부족함 속에서도 함께 지어져 가는 살아 있는 공동체여야 합니다. 그것이 우리가 다시 시작해야 할 교회의 모습입니다.

그리스도께서 중심에 계신 교회는 결코 혼자가 아닙니다. 서로의 이름을 불러주고, 기도하고, 기억하며, 기다려주는 사람들. 교회는 그런 존재들이 다시 모이는 자리입니다. 우리가 다시 서로를 바라보고, 한 걸음 더 다가가려는 결단을 할 때, 하나님은 그 자리를 임재의 공간으로 바꾸십니다. 교회는 혼자 손에 들려진 벽돌이 아니라, 다시 함께 지어져 가는 성전입니다. 하나님께서 부르신 이 자리에서, 우리는 공동체로 살아갈 용기를 얻게 됩니다.

교회는 결국, 하나님께서 먼저 우리를 부르셨다는 사실에서 출발합니다. 우리가 공동체를 구성하려 애쓰는 것은, 인간의 의지가 아니라 하나님의 초청에 응답하는 신앙적 행위입니다.

복음은 언제나 '개인의 회심'을 넘어 '함께 살아가는 공동체'를 향한 부르심이었습니다. 그리스도께서 세우신 교회는 소비의 대상이 아니며, 결코 브랜드로 환원될 수 없습니다. 그것은 하나님의 임재와 말씀이 살아 숨 쉬는 자리이며, 각 사람의 이름을 부르시고 얼굴을 기억하시는 하나님의 사랑이 머무는 장소입니다.

이제 교회는 다시 그 자리로 돌아가야 합니다. 공동체는 인간의 전략이 아니라, 하나님의 영이 역사하실 때만 살아납니다.

우리가 붙들어야 할 중심은 언제나 함께 믿음을 살아내는 방식, 곧 예수 그리스도를 향한 살아있는 '영성'입니다.

부록
—
- 함께 살아내는 훈련
- 참고문헌
- 미주

함께 살아내는 훈련
신부족주의적 공동체를 위한 6주 여정

 이 책에서 우리는, 감정과 취향의 연결로 새로운 부족이 형성되는 시대를 살아가는 교회의 현실을 함께 진단해왔습니다. 그리고 그 속에서 교회는 어떻게 다시 공동체가 될 수 있는지를 물었습니다. 하지만 진단은 끝이 아니라 시작입니다. 이제는 한 걸음 더 나아가야 합니다. 교회가 이 시대에 다시 '함께 살아가는 공동체'로 서기 위해, 작지만 구체적인 훈련의 여정을 시작해보려 합니다.

 다음은 신부족주의적 공동체를 실천적으로 회복하기 위한 6주간의 훈련 프로그램입니다. 이 훈련은 한 교회 공동체 안에서 12명 내외의 소그룹으로 시작하며, 각 주차마다 하나의 훈련을 개인적으로 실천하고, 주 1회 모임을 통해 함께 나누는 여정으로 진행됩니다. 단순히 훈련을 이수하는 것이 아니라, 이 과정을 통해 서로의 이야기를 듣고 마음을 나누며, 신앙이 삶 속에서 함께 스며드는 공동체를 회복하는 것이 목표입니다.

1주차. 말씀으로 시작되는 공동체 – '공동 성경읽기'

공동체 회복의 출발점은 언제나 하나님의 말씀 앞에 함께 서는 일입니다. 신부족주의적 시대에 교회는 '느슨한 연대'를 통해 공동체를 이뤄가야 하며, 그 연대를 이루는 핵심은 바로 공통의 영적 언어입니다. 그리고 그 언어는 말씀 안에서 형성됩니다.

이 훈련은 단순한 개인 묵상의 훈련이 아니라, 공동체가 '같은 말씀' 안에 함께 서고, 신학적으로 바른 이해와 나눔을 통해 해석의 일치를 이루어가는 여정입니다.

또한 이 훈련은 1주차에만 실시되는 것이 아니라, 6주간의 전체 훈련 과정 동안 매일 지속적으로 실천되어야 할 중심 훈련입니다.

하루하루 말씀을 통해 하나님을 바라보고, 그 말씀 앞에서 나를 해석하고, 공동체 속에서 그 적용을 나누는 반복이 곧 공동체의 영적 구심점을 형성합니다.

훈련 방식

- 담당 교역자가 매주 본문을 선정합니다. 이 본문은 공동체의 삶과 연결되는 말씀으로 선택되어야 하며, 훈련 전에 본문에 대한 신학적 해설과 주해 노트를 제공합니다.

    예: 본문의 배경, 핵심 주제, 현대적 적용 포인트 등

- 참가자들은 매일 동일한 본문을 가지고 렉시오 디비나 Lectio

Divina의 흐름에 따라 말씀을 묵상합니다.

1. Lectio (읽기)

본문을 천천히 두세 번 반복해서 읽으며, 마음에 와닿는 단어나 문장을 표시합니다.

가능한 한 소리내어 천천히 읽는 방식을 권장합니다. 속도를 낮추는 훈련

2. Meditatio (묵상)

선택한 문장에 대해 묵상하며, 내 삶과 신앙 안에 무엇을 말하고 있는지를 질문합니다.

이때, 교역자가 제공한 주해 노트를 참고하여 신학적 이해를 놓치지 않도록 돕습니다.

3. Oratio (기도)

묵상에서 떠오른 기도를 구체적으로 기록합니다.

예: "하나님, 오늘 제게 이 말씀을 주신 이유는 무엇인가요?"

4. Contemplatio (머무름)

- 묵상과 기도를 마친 후 5분간 조용히 하나님 앞에 머물며, 말씀의 울림을 가슴에 새깁니다.

- 모임 시간에는 참가자 각자가 그 주간에 경험한 말씀의 울림과 실제 적용 사례를 나눕니다.
- 이 나눔은 평가가 아니라 공감과 연결의 시간이며, 이 과정을 통해 공동체 안에 공통된 신앙 언어와 감수성이 형성됩니다.

강조점:

공동성경읽기는 1주차에 마무리하는 것이 아니라 6주차 훈련이 마무리될 때까지 매일 하게 되며 실제적으로 6주차 훈련의 기초이자 중심이 되는 훈련입니다.

공동 성경읽기는 혼자의 묵상으로 끝나지 않습니다. 반드시 공동체 안에서 해석과 적용이 공유되어야 하며, 이를 위해 신학적 안내자_{담당 교역자}의 역할이 핵심입니다.

이 훈련은 단지 '말씀을 읽는 습관'이 아니라, 교회가 무엇으로 연결되는가를 회복하는 가장 근본적인 훈련입니다.

말씀을 기준으로 나누는 경험은, 소비주의 시대에 흩어진 감정들을 말씀으로 수렴시키는 영적 구심점이 됩니다.

예:

실제로 제가 섬겼던 부서에서는 매주 토요일, 조장들과 함께 두 장씩 성경을 읽으며 공동 성경읽기 훈련을 지속했었습니다. 놀라운 건, 단지 성경을 읽는 모임인데도 그 안에서 매번 '하나 됨'의 감동이 있었다는 사실입니다.

처음엔 익숙하지 않아 조심스레 입을 떼던 이들도, 시간이 갈수록 성경에 대한 묵상과 해석을 나누며 스스로 말씀 안에 잠기는 훈련을 깊이 받아들이기 시작했습니다. 어떤 조장은 "성경이 처음으로 내 삶 속으로 걸어 들어온 것 같다"고 고백했고, 또 다른 이는 "이제는 성경을 읽는 것이 아니라, 하나님과 마주하는 느낌"이라고 말했습니다.

개인의 묵상이 공동체의 나눔으로 확장되자, 단어 하나, 문장 하나가 각자의 삶과 연결되기 시작했고, 동일한 말씀 안에서 전혀 다른 삶의 적용들이 오가며 우리 사이에 '공통의 신앙 언어'가 형성되기 시작했습니다. 그 순간, 우리는 단지 말씀을 나눈 것이 아니라, 말씀 안에서 하나가 된 공동체가 되었습니다.

공동 성경읽기는 단순히 경건의 훈련이 아니라, 말씀 앞에서 다시 서로를 바라보게 만드는 영적 연결의 훈련입니다. 하나님께서 이 시대에도 여전히 말씀으로 공동체를 세우신다는 사실을, 그 작은 모임 속에서 매주 확인했었습니다.

2주차. 고독과 침묵

고독과 침묵은 공동체 훈련의 역설적인 출발점입니다.

진짜 관계는 자기 자신과 깊이 연결된 사람에게서 시작되기 때문입니다.

신부족주의가 주목하는 감정의 공동체는, 겉으로 화려한 연결이 아니라 내면의 정직한 울림에서부터 출발하는 연결입니다. 고독과 침묵은 그 울림을 듣는 시간입니다.

훈련 방식

- 참가자들은 매일 정해진 시간(예: 아침 기도 직후나 저녁 10시 전)을 정하여 20분 간 '기도일기'를 작성합니다.
- 이 기도일기에는 하루의 감정, 내면의 흔들림, 떠오른 말씀이나 기도 제목 등을 자유롭게 적습니다. 중요한 것은 하나님 앞에서 자신의 내면을 성실하게 직면하는 것입니다.
- 주말에는 하루를 정해 4시간의 고독 묵상 시간을 가집니다. 이 시간은 휴대폰을 끄고, 사람과의 접촉을 잠시 멈추며 하나님과 단둘이 있는 시간을 의도적으로 확보하는 것입니다. 장소는 개인이 편안하게 침묵할 수 있는 공간으로 정하며, 가능한 한 자연 가까이에서 머무는 것을 권장합니다. 침묵 시간에는 다음 세 가지를 따라 진행합니다:

1. 준비

깊은 호흡과 함께 내면을 가라앉히고, 떠오르는 생각을 흘려보내며 조용히 머뭅니다.

2. 응시

자신 앞의 자연, 공간, 내면의 흐름을 바라보며 하나님의 임재를 감지하려고 노력합니다.

이때 아무 말도 하지 않고, 생각을 해석하려 하지 않습니다.

3. 경청

떠오르는 내면의 울림과 하나님의 부르심을 가만히 들어봅니다.

때로 아무 말씀이 없어도, 침묵 그 자체가 하나님의 언어임을 믿고 머무는 훈련입니다.

주중 소그룹 모임에서는 각자가 고독과 침묵 속에서 경험한 하나님과의 만남이나,

내면의 통찰, 감정의 흔들림, 작은 회개의 순간 등을 함께 나눕니다.

강조점:

- 고독은 고립이 아닙니다. 하나님과 연결되는 시간을 통해 공동체 안에서의 존재 밀도를 회복하는 시간입니다.
- 침묵은 단지 말을 줄이는 것이 아니라, 삶의 소음을 멈추고 하나님을 향해 귀를 여는 훈련입니다. 이는 사막 교부들의 영성에도 나타나듯, '거룩한 무말無言' 속에서 내면이 정화되고 새

로워지는 길입니다.

-오늘의 도시 교회는 '소리'와 '정보'는 넘치지만, 진짜 자신을 만나는 고요가 부족합니다.

고독과 침묵은 그 고요 속에서 시작되는 진짜 공동체의 첫걸음입니다.

예:

저는 먼저 제 삶 속에 이 고독과 침묵 훈련을 적용해보기 시작했습니다. 일주일에 한 번, 주일이 아닌 날에 2시간 정도 아무에게도 방해받지 않는 시간을 정해 홀로 조용한 장소에 머물렀습니다. 이 시간은 성경을 공부하거나 기도 제목을 읊는 시간이 아니라, 그저 하나님 앞에 내 존재를 드러내는 고요한 시간이었습니다.

처음에는 불안하고 무엇인가 해야 할 것 같았지만, 점점 내면의 흐름이 잦아들면서 하나님의 임재를 느끼는 훈련이 되었습니다. 이 시간을 통해 저는 분주한 일상 속에서도 하나님께서 일하실 공간을 비워드리는 법을 조금씩 배우고 있습니다.

또한 이 훈련을 담당부서 교사들과 함께 6주간의 영성 훈련으로 나누기도 했습니다. 하루에 2시간을 비워 조용히 머무는 훈련은 예상보다 어렵다는 고백이 많았고, '시간을 거룩하게 비운다'는 개념은 우리에게 익숙하지 않았습니다.

그러나 그 어려움 속에서 오히려 더 깊은 은혜의 체험이 있었습니다. 앞으로 이 훈련을 교회 전체와 함께 나누고, 교회 안에 '고독을 위한 공간'과 '침묵의 시간'을 정례화할 수 있도록 적용해나갈 계획입니다. 외로움의 시대에, 이 고독의 영성이 다시 하나님과 연결되는 통로가 되기를 소망합니다.

3주차. 환대, 경계를 허무는 마음

환대는 공동체의 본질입니다. 그러나 그 환대는 단지 누군가를 '초대하는 일'이 아니라, 먼저 마음을 비우고 자리를 내어주는 것에서 시작됩니다. 신부족주의 시대의 공동체는 강한 결속이 아니라, 열린 경계 속에서 만들어집니다. 그 경계는 물리적인 문턱이 아니라, 감정과 생각의 문턱, 편견과 두려움의 문턱입니다. 그리고 그 문턱을 먼저 허무는 사람에게서 하나님의 공동체는 다시 태어납니다.

훈련 방식

-하루 20분 '침묵의 경청 시간' 실천

하루 중 정해진 시간 가능하면 오전 또는 하루의 중심 시간에 **누군가를 향한 열린 마음으로 20분간 조용히 머무는 훈련을 합니다.** 이 시간은 타인을 향한 환대의 마음을 준비하고, 자신의 내면을 성찰하는 시간입니다. 침묵 가운데 "내가 만나는 이들을 얼마나 열린 마음으로 바라보았는가?" "누구에게 편견을 가졌는가?"를 돌아보며 기도합니다.

-일상 속 '경청 실천'

한 주 동안 의도적으로 한 사람의 이야기를 판단 없이 듣는 훈련을 합니다. 목소리보다 마음을 듣는 태도로, "공감"이 목적이지, 해결이나 반응이 목적이 아님을 기억합니다. 들은 후에는 간단한 감사 메시지나 짧은 기도로 그 사람을 하나님께 맡깁니다.

-주말 2시간, '환대의 성찰과 묵상' 시간

주말 중 2시간을 확보하여, 자신의 삶에서 가장 환대가 어려웠던 대상은 누구였는지, 어떤 마음의 장벽이 있었는지를 돌아보며 성찰합니다. 그에 대한 기도와 실천 결단을 기도일기에 기록합니다.

- 소그룹 모임에서는 내가 누군가를 향해 어떤 방식으로 마음의 문을 열었는지, 어떤 대화 속에서 이전과 달리 누군가를 깊이 받아들였는지, 혹은 여전히 열리지 않은 마음이 있다면 그것까지도 함께 나눕니다. 타인을 향한 마음의 방향이 바뀌는 것이 환대의 시작임을 함께 확인합니다.

강조점:

- 환대는 내가 주체가 되어 주는 것이 아니라, 나도 누군가에게 받아들여지는 경험이 있는 사람이 되어야 가능합니다. 하나님께 환대받은 존재로서, 타인을 환대하는 여정이 되어야 합니다.
- 신부족주의는 경계를 무너뜨린 공동체입니다. 혈연, 직업, 종교, 배경이 아닌 감정과 관심, 삶의 리듬으로 이어진 관계입니다. 교회도 이제, 문턱을 낮추는 마음에서부터 다시 시작해야 합니다.
- 사막 교부들은 낯선 이들을 맞이함으로써 그리스도를 만난다고 믿었습니다.

외부인을 맞는 식탁, 이름 모르는 나그네와의 대화는 그들에게 기도만큼이나 거룩한 훈련이었습니다.

예:

실제로 저는 '환대'의 영성을 목회 사역에 구체적으로 적용해보고자 했습니다. 가장 먼저 시도한 것은 공간을 만드는 일이었습니다. 그것은 물리적인 장소뿐 아니라, 마음과 정서의 공간을 함께 마련하는 일이기도 했습니다.

예전에 섬겼던 부서에서는, 상담과 쉼을 위한 공간을 따뜻한 느낌으로 새롭게 꾸몄습니다. 딱딱한 사무실이 아니라, 누구나 들어와 음료와 간식을 나누며 조용히 머물 수 있는 편안한 공간입니다. 이곳에서는 상담을 위한 형식적인 교육이나 지침을 내려놓고, 있는 그대로의 이야기를 들으며 경청과 이해를 중심에 둔 대화를 나누려 합니다.

'무엇을 말해주는 목회'보다 '들어주는 목회'가 절실히 필요한 시대입니다. 각자의 생각이 정답이 되는 포스트모던 사회 속에서, 교회는 비판보다 환대, 반응보다 경청의 공간이 되어야 한다고 믿습니다.

4주차. 몸으로 하나님을 기억하다

- 운동과 신체 영성 훈련

현대의 교회는 종종 '영혼'만을 강조한 나머지, 몸을 경시하는 경건주의에 머무르기도 했습니다. 하지만 성경은 우리의 몸도 하나님의 성전이라고 말합니다. 고전 6:19 바울은 '몸으로 하나님을 영화롭게 하라'고 했고, 사막 교부들은 고된 노동과 절제된 생활 속에서 하나님을 만났습니다.

마페졸리는 현대 부족들이 감각과 육체성을 통해 공동체를 형성한다고 보았습니다. 이것은 단지 쾌락을 말하는 것이 아닙니다. 몸으로 느끼는 일상의 반복, 정서적 리듬과 경험의 동기화는 신부족주의적 공동체가 갖는 중요한 특성입니다. 교회가 몸을 소외시켜서는 공동체의 회복도 어렵습니다.

훈련 방식

- 주 3회 이상, 1시간 이상 규칙적인 운동 실천

참가자들은 각자 선호하는 방식으로 운동을 실천합니다. 예: 걷기, 조깅, 자전거, 요가, 스트레칭, 등산 등 운동을 하는 동안 자신의 몸이 하나님이 주신 거룩한 선물임을 묵상하며, "이 몸으로 하나님을 어떻게 예배하고 있는가?"를 돌아보는 시간을 갖습니다.

- 소그룹 모임에서는 운동을 통해 느낀 육체적 변화, 정서적 회복, 그리고 하나님을 향한 인식의 변화에 대해 나눕니다. "몸이 곧 성전이 되었다"는 체험이 중요합니다.

강조점:

신체를 의식하는 훈련은 공동체성을 위한 중요한 기초입니다. 마페졸리는 공동체가 감정과 육체적 감각의 공유 위에 형성된다고 보았습니다. 몸을 거룩하게 여기는 태도는 곧 나와 이웃의 몸을 존중하는 실천으로 확장됩니다. 신체에 대한 자각은 관계의 태도를 바꾸고, 서로를 하나님의 성전으로 대하게 만듭니다. 걷기, 숨쉬기, 땀 흘리는 모든 순간이 하나님 앞에 거룩해질 때, 공동체는 추상적 개념이 아닌 구체적인 연결로 자라납니다. 이 훈련은 영적 공동체가 '몸을 지닌 존재들의 만남'임을 회복하게 합니다.

예:

실제로 이 훈련을 처음 시작했을 때, 생각보다 많은 분들이 관심을 보였습니다. 현대인들은 건강에 대해 민감하고, 그만큼 몸에 집중하는 시대를 살고 있기 때문입니다. 그래서 처음엔 운동보다 다이어트에 가까운 실천이 시작되었습니다. 식단을 조절하고, 규칙적으로 운동을 하며, 몸의 변화를 지켜보는 시간들이었습니다.

그런데 놀라운 일이 일어났습니다. 몸이 건강해지기 시작하자, 마음도 함께 밝아졌고, 정서적 연결이 일어났습니다. 처음엔 각자 운동하던 사람들이, 어느 순간 "함께 지어진 성전"이라는 인식 아래 공동체로 느껴지기 시작했습니다. "나의 몸"을 넘어 "우리의 몸"이라는 감각, 나 혼자만의 성장이 아니라 서로의 성장을 응원하는 믿음의 감정이 피어났습니다.

몸은 결국 공동체의 기반이었습니다. 누군가의 회복이 곧 나의 기쁨이 되고, 함께 흘린 땀이 하나님의 임재 앞에서 거룩하게 느껴질 때, 우리는 다시 교회가 어떤 존재여야 하는지를 깨닫게 됩니다. 몸을 통해 예배하고, 몸을 통해 하나님의 형상을 살아내는 이 여정은 공동체를 지탱하는 은밀하지만 강력한 힘이 됩니다.

5주차. 함께 짊어지는 삶

- 구제와 나눔 훈련

신앙은 언제나 누군가의 아픔을 함께 지는 자리로 나아가야 했습니다. 하지만 현대의 교회는 점점 '구제'를 프로그램화하고, '나눔'을 일회성 행사로 바꾸어 버리기도 했습니다.

신부족주의적 공동체는 자발적 결속과 감정의 유대를 중심에 둡니다. 교회가 다시 공동체가 되기 위해서는, 타인의 고통에 감응하고 움직이는 능력을 회복해야 합니다.

사막 교부들은 나눔을 가장 실제적인 영성의 표현으로 여겼습니다. 그들은 자신이 가진 것을 기꺼이 나누었고, 그 과정에서 하나님과 이웃을 동시에 만났습니다.

훈련 방식

1. 물질적 구제 실천
    - 한 주 동안, 수입 중 일부를 기꺼이 떼어 내어 필요한 이에게 나눕니다.
    - 이것은 정해진 헌금이 아니라, 자발적이고 은밀한 나눔입니다.
    - 대상은 교회 내 소외된 이들, 지역 사회의 도움이 필요한 사람들,

    혹은 개인적으로 마음에 품고 있는 사람도 좋습니다.

- 봉투에 담아 직접 전하거나, 물품을 익명으로 전달할 수도 있습니다.

2. 정서적 지원 실천
- 일주일에 3회 이상, 격려와 위로가 필요한 이에게 손편지, 문자, 음성 메시지를 보냅니다.
- 또한 한 사람 이상과 함께 의도적으로 1시간의 깊은 대화를 나누며 그의 이야기를 전적으로 경청합니다.

3. 실질적 도움 실천
- 구체적인 일상의 수고를 돕습니다.

  예: 장보기, 병원 동행, 집안일 돕기, 아이 돌봄 등

- 작은 일이지만, 나눔은 구체적일수록 영적입니다

소그룹 나눔
- "누구에게 마음이 움직였는가?"
- "나눔을 하며 내 마음에 어떤 변화가 있었는가?"
- "받는 이의 반응보다, 하나님 앞에서 내가 어떤 사람이 되었는가?"
- 나눔의 행위가 아니라 나눔을 통해 성장한 나의 신앙을 이야기합니다.

강조점:

구제는 단지 물질의 나눔이 아니라, 감정의 통로이며 관계의 회복입니다. 마페졸리는 신부족주의가 "공통된 감수성"을 통해 공동체를 형성한다고 설명했습니다. 구제를 통해 우리는 상대방의 필요에 민감해지고, 정서적 유대가 깊어지며, 감정의 흐름이 열린 공동체를 경험하게 됩니다. 정서적 지지, 실질적 도움, 익명의 나눔이 어우러질 때, 교회는 단순한 구호 단체를 넘어 '살아 있는 감정 공동체'로 변모합니다. 구제는 외면한 사람의 삶에 들어가는 첫걸음이며, 선택한 연결을 통해 신앙이 실천되는 자리입니다.

예:

실제로 섬겼던 있는 부서 학생들과 함께, 일주일에 한 번 '익명으로 구제하기' 실천을 해본 적이 있습니다. 대상은 자신이 마음에 품은 사람이어야 했고, 방법은 반드시 '아무도 모르게' 나누는 것이었습니다. 어떤 친구는 학급에서 늘 조용히 지내는 친구의 책상에 간식을 두고, 어떤 친구는 교회 어르신에게 직접 쓴 감사 편지를 봉투에 담아 전달했습니다.

놀라웠던 건 그 결과였습니다. 아이들 모두가 한결같이 "받는 기쁨보다 주는 기쁨이 더 컸다"고 고백했습니다. 단 한 번의 나눔이었지만, 그 마음 안에는 하나님의 사랑을 실천한 기쁨, 그리고 누군가와 연결되었다는 감정의 진동이 분명하게 담겨 있었습니다. 나눔은 결국 연결이고, 감정은 사랑의 언어였습니다. 구제를 통해 우리는 누군가의 아픔 속으로 들어가고, 그를 품는 훈련을 배워갑니다. 앞으로도 이 작은 훈련들을 통해, 공동체 안에 더 많은 연결과 공감의 흐름이 이어지기를 소망합니다.

6주차. 멈춤으로 완성되는 공동체

- 하루를 온전히 비우는 '안식' 훈련

이 마지막 주차 훈련은 '시간을 하나님께 다시 드리는 일'로 구성됩니다.

우리의 신앙은 '어디에 가는가'보다 '어떻게 시간을 사용하는가'를 통해 드러납니다.

안식은 단순한 휴식이 아니라, 멈춤 속에서 하나님의 통치를 고백하는 행위입니다.

소비주의 시대는 '바쁨'을 미덕처럼 만들었지만, 신앙은 오히려 그 바쁨을 멈추는 순간에 진실하게 드러납니다.

훈련 방식

1. 하루를 비우는 '안식일' 실천

- 한 주 중 하루를 정해, 하루 전체를 '일'로부터 분리합니다.
- 일정, 업무, SNS, 쇼핑, 계획된 소비 등에서 의도적으로 물러

납니다.
- 그 시간을 하나님과 이웃을 향한 쉼으로 채웁니다.
- 각자의 성향에 따라 조용히 머무는 사람도 있고, 사랑하는 이들과 여가와 교제를 나누는 사람도 있을 수 있습니다. 안식은 조용함만이 아니라, 관계 속에서 회복을 경험하는 시간입니다.
- 추천 실천 예시:

  오전 - 가벼운 산책, 묵상, 자연 속 머무름

  오후 - 함께 식사하거나 대화, 독서, 음악 감상, 교제

  저녁 - 감사 일기, 찬양, 가족과의 시간

2. 시간의 주권을 다시 고백하는 묵상

"나는 시간을 소유하는 자가 아니라, 시간을 맡은 청지기인가?"

"바쁨이 아니라 멈춤이 나를 더 하나님께 가까이 가게 하는가?"

하루의 끝에는 '멈춤 속에서 어떤 은혜가 있었는가'를 일기로 남깁니다.

소그룹 나눔

- "하루를 멈춘다는 것이 나에게 어떤 도전이었는가?"
- "쉼 속에서 오히려 하나님과 연결된 순간은 언제였는가?"

- "내 삶의 리듬이 소비의 흐름에서 은혜의 흐름으로 전환될 수 있을까?"
- '쉼'은 나눌 때 그 깊이가 더해집니다.
- 서로의 멈춤의 경험을 통해 '삶의 신앙화'가 가능해집니다.

강조점:

이 마지막 주차는 지금까지의 훈련을 삶 속에 뿌리내리고 공동체적 실천으로 확장하는 전환점입니다. 미셸 마페졸리는 공동체가 지속되기 위해선 자발성과 감정의 지속성이 필요하다고 말했습니다. 각자가 발견한 쉼의 방식이 다를지라도, 그 자발성이 공동체의 영적 리듬을 만듭니다. 교회는 통제보다 자율, 조직보다 열정으로 모이는 공간이 되어야 합니다. 반복된 훈련 속에서 스스로 깨닫고, 함께 정리하며, 다시 삶으로 걸어 나가는 이 시간은 단절된 개인을 공동체로 초대하는 결정적인 계기가 됩니다.

안식은 결국, 하나님이 하나님 되시도록 우리가 멈추는 날이며, 그 멈춤 속에서 공동체가 다시 살아나는 거룩한 리듬입니다.

예:

이 훈련은 단지 아이디어로 머물지 않았습니다. 실제 사역 현장에서 교사들과 함께 6주간의 영성 훈련을 진행하며, 마지막 주에 '안식'을 실천했습니다.

하루 종일 연차를 내고 평일 중 하루를 '진짜 안식일'로 살아보았습니다.

아무것도 계획하지 않고 단지 쉼을 누리는 일이 생각보다 어렵다는 것을 모두가 깨달았습니다. 하지만 그날 이후, '쉰다'는 것 자체가 영적 훈련임을 몸으로 체험했습니다.

저 역시 매주 하루는 사역과 일정을 내려놓고, 아내와 시간을 보내거나 친구들과 담소를 나누며 '일이 아닌 존재로서의 삶'을 회복하려 합니다.

완벽하진 않지만, 이렇게 시간을 구별해 하나님을 중심에 다시 모시는 훈련은 결국 사역을 다시 사명으로 바라보게 하는 거룩한 전환점이 됩니다.

참고문헌

김현명, *A Study on Restoring Community in the Era of Consumerism: With a Neo-Tribalism Approach for Korean Churches* 소비주의 시대의 공동체성 회복을 위한 신 부족주의적 교회 공동체 풀러신학교 목회학 박사논문 D.Min., 2025.

1. 국문 서적

강우진. 『사람들은 왜 성장주의를 지지하는가?: 성장주의 결정요인에 대한 경험분석』. 한국과국제정치 31권 3호, 경남대학교 극동문제연구소, 2015.

권문상. 『성경적 공동체: 삼위일체 하나님을 닮은 가족교회』. 용인: 킹덤북스, 2013.

_____. 『팬데믹과 온라인 시대의 영적 생명력: 공동체로서의 교회 회복과 세이비어 교회의 사례』. 조직신학연구, 제40권, 2022권호 외. 본문이 살아있는 설교 플랫폼. 서울: 아가페출판사, 2021.

권진구. 『영성형성과 침묵』. 대학과 선교 Vol.36 한국대학선교학회, 2018.

국무조정실. 코로나19 중앙재난안전대책본부 회의결과 보도자료』. 2020.

기독교윤리실천운동 편. 『2023 한국교회의 사회적 신뢰도 여론조사 결과 자료집』. 서울: 기독교윤리실천운동, 2023.

김동윤. 『포스트모던 시대의 일상성과 사회적 공간에 대한 상상력: 미셸 마페졸리의 이론을 중심으로』. 에피스테메 Volume1, 고려대학교 응봉문화연구소, 2007.

김광연. 『그리스도인들 신앙의 이중적 태도와 선교적 과제』. 복음과 선교 59

권, 한국복음주의선교신학회, 2022.

김근주 외. 『복음과 정치』. 서울: 대장간, 2016.

김덕영. 『에밀 뒤르케임: 사회실재론』. 서울: 도서출판 길, 2019.

김민호. 소병수. 『1인 미디어와 가짜뉴스 규제』. 법조 68권 5호, 법조협회, 2019.

김병삼. 『올라인 교회』. 서울: 두란노서원, 2021.

김성일. 『코로나19 시대에 '집콕'에서 나타난 집의 효용과 의미 변화』. 문화과학 통권 제106호, 문학과학사, 2021.

김영인. 『포스트코로나 시대의 예배를 위한 모색 –공동체성경읽기와 초기기독교의 예배』, 신약논단 Vol.29 No.4, 한국신약학회, 2022.

_____. 『공동체성경읽기』. 활천 Voil. 842 No.1, 기독교대한성결교회 활천사, 2024.

김영한. 『비대면예배의 교회사적 이해』. 복음과 실천신학 제66권, 한국복음주의실천신학회, 2023.

김용상. 『온라인 커뮤니티의 특성이 만족도와 지속적 이용의도에 미치는 영향: 독립형 여성 커뮤니티82cook.com를 중심으로』. 서울: 한양사이버대학교, 2012.

김용주. 『칭의, 루터에게 묻다』. 서울: 좋은씨앗, 2017.

김진규. 『한국 교회의 제자훈련 평가 및 균형 잡기: 성경신학적 관점에서』. 성경과신학 제91권, 한국복음주의신학회, 2019.

김흥수. 『기복신앙: 한국전쟁 이후의 기독교 변동』. 한국교회사학회지 9권, 한국교회사학회, 2000.

나용화. 『영성과 경건』. 서울: 기독교문서선교회, 1999.

류장현. 『번영신학에 대한 신학적 비판』. 신학논단 제61집, 2010.

박영돈. 『일그러진 한국교회의 얼굴』. 서울: 한국기독학생회출판부, 2013.

박정자. 『마이클 잭슨에서 데리다까지』. 서울: 도사출판 기파랑, 2009.

박종균, 『기독교와 문화–소비사회 문화와 종교』. 세계의신학 47권, 한국기독교 연구소. 2000.

박태현. 『종교개혁 500주년과 한국교회 설교개혁』. 성경과 신학 85: 2018.
성신형. 『소비시대의 기독교 문화부족 – 교회를 떠다니는 사람들』. 기독교와 문화 제6집, 숭실대학교 한국기독교문화연구원, 2014.
_____. 『이 시대를 위한 유토피아론- 지그문트 바우만을 중심으로』. 인문사회21, 10권 5호, 인문사회21, 2019.
윤성흠. 『사막 교부 영성의 실천적 적용에 대한 고찰: 교황 권고 「기뻐하고 즐거워하여라」에 나타난 현대의 도전과제들을 중심으로』. 서울: 가톨릭대학교 대학원, 신학과 실천신학전공, 2021.
윤영민. 『온라인 교회의 합당성에 관한 연구』. 복음과 실천신학 제63권, 한국복음주의실천신학회, 2022.
이도항. 『헨리 나우웬의 사상을 통한 영성교육 프로그램 개발』. 장로회신학대학교, 2006.
이명구. 『한국교회에 영향을 미친 성장주의에 대한 극복 방안 연구』. 기독교철학 9권, 한국기독교철학회, 2009.
이애리. 『온라인 토론 커뮤니티에서의 익명성과 개인 및 집단 정체성, 토론의 질 간의 영향 연구』. 경영정보학연구 Vol.21. No.3, 한국경영정보학회, 2019.
이영호. 『팬데믹 시대 속 그리스도인의 "동행同行"의식- 루터의 편지를 중심으로』. 기독교사회윤리 제54집. 2022
이정순. 『종교는 사회적 통합에 기여할 수 있는가?』. 신학과 현장 Vol. 27, 목원대학교 목원신학연구소, 2017.
이철. 『도덕의 형성 및 유지에 있어서 공동체 역할에 관한 종교사회학적 연구 뒤르켐, 앤더슨, 라깡의 이론을 중심으로』. 기독교사회윤리 제33집, 한국기독교사회윤리학회, 2015.
이충한. 『소비사회의 무능과 반성적 삶의 복원』. 세한철학회 논문집 철학논총 제107집, 2022.
장희영. 『미셸 마페졸리의 부족주의 연구: 포스트모던 사회성 논의를 중심으로』. 서강대학교 대학원, 2007.

전병재. 『공동체와 결사체. 사회와 이론』 2002년 창간호, 한국이론사회학회, 2002.

정준기. 『사막교부들의 영성』. 光神論壇, Vol 14, 2005.

정단비. 『신부족주의와 취향공동체 양상연구: 2010년대 한국사회 2030세대를 중심으로』. 서울: 경희대학교 경영대학원 문화예술경영학과, 2019.

조성환. 『교회 중직자의 리더십 유형이 교인들의 자원봉사활동에 미치는 영향: 공동체의식의 매개 효과를 중심으로』. 서울: 서울한영대학교 대학원, 2020.

조의완. 『iChurch시대의 일곱가지 치명적 죄악』. 충남: 대장간, 2012.

_____. 『사막의 영성과 도시목회』. 충남: 대장간, 2020.

조재국. 『한국교회 성장동력의 분석과 평가』. 신학과 실천 권 46호, 한국실천신학, 2015.

주종훈. 『디지털 예배의 목회적 신학적 고찰과 실천방향』. 복음과 실천신학 제60권, 한국복음주의실천신학회, 2021.

지주형. 『한국의 성장주의: 기원, 궤적, 구조』. 인문논총 제56집, 2021.

코로나바이러스감염증-19 중앙사고수습본부. 『수도권 거리두기 4단계 종교시설 방역수칙 개선』. 2021.

차명호. 『로고가 된 로고스: 소비주의적 기독교 종교성에 대한 고찰』. 신학과 실천 제67호, 한국실천신학회, 2019.

최윤식. 『2020-2040 한국교회 미래지도』. 서울: 생명의 말씀사, 2013.

최창국. 『영성형성의 실천적 방법으로써 렉시오 디비나』. 복음과 실천신학 제21권, 한국복음주의실천신학회, 2010.

최현석. 『인간의 모든 죽음. 파주: 서해문집, 2020.

최현종. 『한국 개신교의 새신자 구성과 수평이동에 관한 연구』. 한국기독교신학논총 제91집, 한국기독교학회, 2014.

하홍규. 『종교적 감정과 새로운 작은 교회들의 문화적 재기』. 사회이론Korean Journal of Social Theory Vol. No.52, 한국사회이론학회, 2011.

한경호 편.『작은교회 운동』. 서울: 동연, 2024.
한국갤럽조사 연구소.『한국인의 종교 1984-2014』. 서울: 한국갤럽조사연구소. 2015.
한국마케팅연구원 편.『유투브의 광고정책과 유투브가 선정한 올해 '6초 광고' 톱10.』마케팅 Vol.52 No. 11, 한국마케팅연구원, 2018.
홍기영.『전도와 교회성장에 관한 주요 문헌 연구』. 생명과 말씀 12권, 개혁주의생명신학회, 2015.

2. 번역 서적

Atanasio di Alessandria.『사막의 안토니우스 VITA DI ANTONIO - Atanasio di Alessandria/DETTI -LETTERE - Antonio abate』, 허성석 역. 경북: 분도출판사, 2015.

Banks, Robert J.『바울의 공동체 사상 Paul's Idea of Community: Spirit and Culture in Early House Churches』, 장동수 역. 서울: 한국기독학생회출판부, 2007.

Bass, Diana Butler.『교회의 종말 Christianity After Religion』, 이원규 역. 서울: 도서출판 kme, 2017.

Baudrillard, Jean.『소비의 사회 La societe de consommation』, 이상윤 역. 서울: 주문예출판사, 2015.

Bauman, Carlo Bordoni.『위기의 국가 State of Crisis』, 안규남 역. 파주: 동녘, 2014.

Bauman, Zygmunt.『이것은 일기가 아니다 This Is Not A Diary』, 이택광, 박성훈 역. 파주: 자음과 모음, 2013.

_____.『모두스 비벤디 Liquid Times: Living in an Age of Uncertainty』, 한상석 역. 서울: 후마니타스, 2010.

_____.『소비사회와 교육을 말하다 On Education: Conversations with Riccardo Mazzeo』, 나현영 역. 서울: 현암사, 2016.

_____. 『액체근대 *Liquid Modernity*』, 이일수 역. 서울: 강, 2009.

_____. 『왜 우리는 계속 가난한가? *Work, Consumerism and the New Poor*』, 안규남 역. 파주: 동녘, 2019.

Bauman, Zygmunt, Stanisław Obirek. 『인간의 조건 *On the world and ourselves*』, 안규남 역. 파주: 동녘, 2016.

Berkhof, Louis. 『벌코프 조직신학하 *Systematic Theology*』, 권수경 역. 서울: 크리스챤 다이제스트, 1991.

Bowater, Chrisa A. 『하나님은 예배하는 자를 찾으신다 *The Believer's Guide to Worship*』, 정규운 역. 서울: 하늘사다리, 1997.

Coleman, Robert E. 『천상의 노래 *Songs of Heaven*』, 석창우 역. 서울: 두란노, 2000.

Cosby, Gordon. 『위대한 사랑의 힘에 사로잡힌 삶 *Seized By The Power Of A Great Affection*』, 유성준 역. 서울: 평단, 2015.

Durkheim, Émile. 『종교생활의 원초적 형태 *Les formes elementaires de la vie religieuse*』, 노치준, 민혜숙 역. 서울: 민영사, 1992.

_____. 『자살론 *Suicide: A Study in Sociology*』, 황보종우 역. 서울: 청아출판사, 2008.

Grenz, Stanley J. 『조직신학 *Theology for the Community of God*』, 신옥수 역. 파주: CH북스, 2003.

Heschel, Abraham Joshua. 『안식 *The Sabbath*』, 박혜경 역. 서울: 복있는사람, 2007.

Hybels, Bill. 『심플 *SIMPLIFY*』, 캐런 채 역. 서울: 규장, 2014.

Jethani, Skye. 『하나님을 팝니다 *The Divine Commodity*』, 이대은 역. 서울: 조이선교회, 2011.

Jones, Tony. 『되찾은 영성 *The Sacred Way*』, 최요한 역. 서울: 죠이선교회, 2008.

Kavanaugh, John F. 『소비사회를 사는 그리스도인 *Following Christ in a Consumer Society*』, 박세혁 역. 서울: IVP, 2011.

Küng, Hans. 『그리스도교 본질과 역사 *DAS CHRISENTUM Wesen und Geschichte*』, 이종한 역. 경북: 분도출판사, 2002.

Maffesoli, Michel. 『부족의 시대 *Le temps des tribus*』박정호, 신지은 역. 파주: 주문학동네, 2017.

_____. 『세계화와 부족주의-새로운 부족주의의 대두』. 사회조사연구 15권, 부산대학교 사회과학연구원, 2000.

Meeks, Wayne A. 『1세기 기독교와 도시 문화 *The First Urban Christians: The Social World of the Apostle Paul*』, 박규태 역. 서울: 한국기독학생회출판부, 2021.

Nancy, Jean-Luc. 『무위의 공동체 *La Communauté Désoeuvré*』, 서울: 인간사랑, 2010.

Nouwen, Henri J. M. 『영적 발돋움 Reaching Out 이상미 역. 서울: 두란노, 2022.

_____. 『헨리 나우웬의 영성편지 *Letters to Marc About Jesus*』윤종석 역. 서울: 복있는 사람, 2003.

Peterson, Eugene H. 『이 책을 먹으라 *Eat This Book*』, 양혜원 역. 서울: 한국기독학생회출판부, 2006.

Reymond, Robert L. 『최신 조직신학 *A New Systematic Theology of The Christian Faith*』, 나용화 외 역. 서울: 기독교문서선교회, 2010.

Riesman, David. 『고독한 군중 *The Lonely Crowd*』, 류근일 역. 서울: 동서문화사, 2016.

Rosa, Hartmut 외. 『공동체의 이론들 *Theorien der Gemeinschaft zur Einführung*』, 곽노완, 한상원 역. 서울: 라움, 2017.

Scazzero, Peter. 『정서적으로 건강한 영성 *Emotionally Healthy Spirituality*』 강소희 역. 서울: 사단법인 두란노서원, 2015.

Scazzero, Peter, Warren Bird. 『정서적으로 건강한 교회 *Emotionally Healthy Church*』 최종훈 역. 서울: 사단법인 두란노서원, 2016.

Smith, James K. A. 『습관이 영성이다 *You Are What You Love*』 박세혁 역. 파

주: 비야토르, 2018.

Thomas, Gary. 『내 몸 사용안내서 *Every Body Matters*』. 윤종석 역. 서울: CUP, 2013.

Thompson, Marjorie J. 『영성형성 훈련의 이론과 실천 *An Invitation to the Christian Spiritual Life*』 최대형 역. 서울: 은성출판사, 2015.

Tönnies, Ferdinand. 『공동사회와 이익사회 *Gemeinschaft und Gesellschaft*』 곽노완, 황기우 역. 서울: 라움, 2017.

Ward, Benedicta 편. 『사막 교부들의 금언 *Apophthegmata Patrum*』 허성석 역. 경북: 분도출판사, 2017.

Wright, Brian J. 『1세기 그리스도인의 공동읽기 *Communal Reading in the Time of Jesus: A Window into Early Christian Reading Practices*』 박규태 역. 서울: 한국기독교학생회출판부, 2021.

3. 외국 서적

Cooper, Kenneth. *Faith-Based Fitness*. Nashville: Nelson, 1995.

Morey, Tim and Sunquist, Scott W. *Planting a Church Without Losing Your Soul*. Downers Grove, IL: IVP Academic, 2020.

Mulholland Jr., M. Robert. I*nvitation to a Journey: A Road Map for Spiritual Formation*. Downers Grove, IL: IVP Academic, 2016.

Roloff, Jürgen. "Ekklesia." In *Exegetical Dictionary of the New Testament. Edited by Horst Balz and Gerhard Schneider*. Vol. 1, 410-415. Grand Rapids: Eerdmans, 1990.

미주

1. Jean Baudrillard, 『소비의사회 La societe de consommation』, 이상윤 역(서울: (주)문예출판사, 2015), 109.
2. Zygmunt Bauman, 『액체근대 Liquid Modernity』, 이일수 역(서울: 강, 2009), 15-17.
3. Émile Durkheim, 『종교생활의원초적형태Les formes elementaires de la vie religieuse』, 노치준, 민혜숙 역(서울: 민영사, 1992), 67.
4. 조재국, 「한국교회 성장동력의 분석과 평가」, (『신학과 실천』 권 46호, 한국실천신학회, 2015), 420.
5. 김영한, 「비대면예배의 교회사적 이해」, (『복음과 실천신학』 제66권, 한국복음주의실천신학회, 2023), 175.
6. 2020년 첫 COVID-19 확진자가 발생한 후 한국 정부는 사회적 거리두기라는 방역지침을 내렸다. 2020년 6월 28일 3단계 거리두기가 발표되었고, 2020년 11월부터는 5단계로 세분화되었다. 2020년 8월 19일에 수도권 소재의 교회에 비대면 예배만 허용되었고, 2021년 7월부터 11월까지 4단계를 유지하였다. 자세한 건 다음을 보라. 코로나19 중앙재난안전대책본부 회의결과 보도자료, (국무조정실, 2020), 수도권 거리두기 4단계 종교시설 방역수칙 개선, (코로나바이러스감염증-19 중앙사고수습본부, 2021)
7. 조의완, 『iChurch시대의 일곱가지 치명적 죄악』, (충남: 대장간, 2012), 108.
8. 한국갤럽조사 연구소, 『한국인의 종교 1984-2014』, (서울: 한국갤럽조사연구소, 2015) 14.
9. 최윤식, 『2020-2040 한국교회 미래지도』, (서울: 생명의 말씀사, 2013), 186.
10. Louis Berkhof, 『벌코프 조직신학(하) Systematic Theology』. 권수경 역 (서울: 크리스챤 다이제스트, 1991), 811.
11. Robert J. Banks, 『바울의 공동체 사상 Paul's Idea of Community: Spirit and

Culture in Early House Churches』, 장동수 역 (서울: 한국기독학생회출판부, 2007), 62-63.

12 Wayne A. Meeks, 『1세기 기독교와 도시 문화 *The First Urban Christians: The Social World of the Apostle Paul*』, 박규태 역 (서울: 한국기독학생회출판부, 2021), 94.

13 Ibid, 191.

14 Ibid, 91.

15 Michel Maffesoli, 『부족의 시대 *Le temps des tribus*』, 박정호, 신지은 역 (파주:(주)문학동네, 2017), 11.

16 장희영, 『미셸 마페졸리의 부족주의 연구: 포스트모던 사회성 논의를 중심으로』, (서강대학교 대학원, 2007), 43.

17 David Riesman, 『고독한 군중 *The Lonely Crowd*』, 류근일 역 (서울: 동서문화사, 2016), 75.

18 Zygmunt Bauman, 『액체근대 *Liquid Modernity*』, 이일수 역 (서울: 강, 2009), 15-17.

19 Zygmunt Bauman, 『방황하는 개인들의 사회 *The Individualized Society*』, 홍지수역 (서울: 봄아필, 2013), 139.

20 Durkheim, 『종교생활의 원초적 형태』, 81.

21 Ferdinand Tönnies, 『공동사회와 이익사회 *Gemeinschaft und Gesellschaft*』, 곽노완, 황기우 역 (서울: 라움, 2017), 14.

22 장희영, 『미셸 마페졸리의 부족주의 연구: 포스트모던 사회성 논의를 중심으로』, 43-53.

23 Ibid, 15.

24 Zygmunt Bauman, Stanisław Obirek, 『인간의 조건 *On the world and ourselves*』, 안규남 역 (파주: 동녘, 2016), 50-53.

25 Zygmunt Bauman, 『모두스 비벤디 *Liquid Times: Living in an Age of Uncertainty*』, 한상석 역 (서울: 후마니타스, 2010), 7-12.

26 Ibid.

27 Maffesoli, 『부족의 시대』, 24.

28 Eugene H. Peterson, 『일상, 부활을 살다, *Living the Resurrection*』, 권연경 역,

(서울:복있는 사람, 2015), 44.

29 Michel Maffesoli, "미셸 마페졸리(Michel MAFFESOLI) 파리대 교수 특별 강연회: 세계화와 탈중심화- 새로운 부족주의의 대두," 『사회조사연구』, 15권 (2000): 11.

30 Brian J. Wright, 『1세기 그리스도인의 공동읽기 Communal Reading in the Time of Jesus: A Window into Early Christian Reading Practices』, 박규태 역, (서울: 한국기독교학생회출판부, 2021),, 344-345

31 Brian J. Wright, 『1세기 그리스도인의 공동읽기 Communal Reading in the Time of Jesus: A Window into Early Christian Reading Practices』, 박규태 역, (서울: 한국기독교학생회출판부, 2021), 352.

32 김영인, 『공동체성경읽기』, (활천 Voil. 842 No.1, 기독교대한성결교회 활천사, 2024), 35.

33 김영인, 「포스트코로나 시대의 예배를 위한 모색 -공동(체)성경읽기와 초기기독교의 예배」, (신약논단 Vol.29 No.4, 한국신약학회, 2022), 495-497.

34 Marjorie J. Thompson, 『영성형성 훈련의 이론과 실천 An Invitation to the Christian Spiritual Life』, 최대형 역, (서울: 은성출판사, 2015), 50.

35 Eugene H. Peterson, 『이 책을 먹으라 Eat This Book』, 양혜원 역, (서울: 한국기독학생회출판부, 2006), 156.

36 조의완. 『사막의 영성과 도시목회』. (충남: 대장간, 2020), 117.

37 Ibid, 85.

38 Mulholland Jr., M. R. Invitation to a Journey: A Road Map for Spiritual Formation. Downers Grove, IL: IVP Academic, 2016, 157-158.

39 조의완. 『사막의 영성과 도시목회』, 117.

40 Tim Morey, Scott W Sunquist, Planting a Church Without Losing Your Soul, (IVP Academic, 2020), 30.

41 조의완, 『iChurch시대의 일곱가지 치명적 죄악』, 34.

42 조의완. 『사막의 영성과 도시목회』, 52.

43 장광익, 「영성훈련을 통한 한국교회 갱신방안 연구」, (대전, 목원대학교 대학원, 2006), 43.

44 한국마케팅연구원 편, 「유투브의 광고정책과 유투브가 선정한 올해 '6초 광고'

톱10」(마케팅 Vol.52 No. 11, 한국마케팅연구원, 2018),47.

45 조의완, 『iChurch시대의 일곱가지 치명적 죄악』, 99.
46 조의완. 『사막의 영성과 도시목회』, 117.
47 Henri J. M. Nouwen, 『영적 발돋움 Reaching Out』, 이상미 역 (서울: 두란노, 2022, 143.
48 Poemen 28, in The Sayings of the Desert Fathers. 조의완, 「유동하는 공포의 사사화를 극복하는 대안적 목회 영성으로의 사막의 영성과 정주의 훈련」, 184 에서 재인용.
49 Benedicta Ward 편, 『사막 교부들의 금언 Apophthegmata Patrum』, 허성석 역, (경북: 분도출판사, 2017), 104.
50 Atanasio di Alessandria, 『사막의 안토니우스 VITA DI ANTONIO - Atanasio di Alessandria/DETTI -LETTERE - Antonio abate』, 허성석 역, (경북: 분도출판사, 2015), 57.
51 Ibid, 57.
52 J. Thompson, 『영성형성 훈련의 이론과 실천』, 202.
53 Nouwen, 『영적 발돋움』, 91-92.
54 Gary Thomas, 『내 몸 사용안내서 Every Body Matters』, 윤종석 역, (서울: CUP, 2013), 40-41.
55 Kenneth Cooper, Faith-Based Fitness (Nashville: Nelson, 1995), 63.
56 Morey, Sunquist, Planting a Church Without Losing Your Soul, 31.
57 조성환, 「교회 중직자의 리더십 유형이 교인들의 자원봉사활동에 미치는 영향: 공동체의식의 매개 효과를 중심으로」, (서울: 서울한영대학교 대학원, 2020), 56.
58 Abraham Joshua Heschel, 『안식 The Sabbath』, (서울: 복있는 사람, 2007), 49
59 장희영, 「미셸 마페졸리의 부족주의 연구: 포스트모던 사회성 논의를 중심으로」, 2.